U0129432

生活·讀書·新知 三联书店

子安宣邦作品集

近代知识考古学

国家、战争与知识人

〔日〕子安宣邦 著

赵京华 译

图书在版编目（CIP）数据

近代知识考古学：国家、战争与知识人／（日）子安宣邦著；
赵京华译. —北京：生活·读书·新知三联书店，2022.1
（子安宣邦作品集）
ISBN 978 - 7 - 108 - 07087 - 6

Ⅰ. ①近…　Ⅱ. ①子… ②赵…　Ⅲ. ①思想史 - 研究 - 日本 - 近代
Ⅳ. ① B313.4

中国版本图书馆 CIP 数据核字（2021）第 018993 号

责任编辑　叶　彤
装帧设计　康　健
责任校对　安进平
责任印制　卢　岳

出版发行　**生活·讀書·新知** 三联书店
　　　　　（北京市东城区美术馆东街 22 号 100010）
网　　址　www.sdxjpc.com
图　　字　01-2018-4873
经　　销　新华书店
印　　刷　北京隆昌伟业印刷有限公司
版　　次　2022 年 1 月北京第 1 版
　　　　　2022 年 1 月北京第 1 次印刷
开　　本　880 毫米 × 1230 毫米　1/32　印张 7.5
字　　数　171 千字
印　　数　0,001 - 5,000 册
定　　价　59.00 元
（印装查询：01064002715；邮购查询：01084010542）

《近代知识考古学》（岩波书店，1996）的出版在子安宣邦先生的学术生涯中是一个标志性的"事件"，预示了他此后二十余年的批判视野和思想史方法论路径。

　　这本书和他其他的重要论著一样，为我们提供了日本近代思想史领域的丰富信息。但由于原著在日本出版，又在日本近代思想史的脉络中展开论述，所以对一些错误思潮的批判，一般都出现在大量资料引述后的逻辑辨析上，归结为"视野""方法"等，没有对思潮本身的政治倾向等做过多的剖析，这对于中国读者来说可能是一种遗憾。

　　我们出版此书以及"子安宣邦作品集"其他各书的目的，是为取"他山之石"，供中国读者借鉴、参考，作者论说中有何令人感到不足和遗憾处，敬请各位读者自行研究评析。

出版者谨识

2021 年 9 月

目　录

中文版作者序言 ……………………………………………… 1

第一章　一国民俗学的确立 …………………………………… 5

一　他并非一个"旅行者" ……………………………… 5

二　内部的观察者 ………………………………………… 8

三　新的"御国学" ……………………………………… 11

四　投向平民日常的视线 ………………………………… 14

五　以"国民"为主题的学问 …………………………… 17

六　"国语"的将来 ……………………………………… 20

七　投向方言的视线 ……………………………………… 23

八　一国语言学的成功 …………………………………… 27

九　民族内在的心意世界 ………………………………… 29

十　"固有信仰"的叙述 ………………………………… 32

第二章　近代知识与中国观

　　　　——"支那学"的确立 ………………………… 36

一　内藤湖南与《支那论》……………………………… 36

二 《支那论》的视角 ……………………………………………… 39

三 "支那学"的确立 ……………………………………………… 44

四 富永仲基与内藤湖南 ………………………………………… 49

五 "非确定性文本"与"确定性文本" ……………………… 54

六 文献虚无主义 ………………………………………………… 61

第三章 "国语"死去，"日本语"就诞生了吗? ……………… 67

一 "国语"还是"日本语"? ………………………………… 67

二 "日本语问题"的发生 ……………………………………… 69

三 东亚共同语 / 日本语 ……………………………………… 71

四 "国家内部"的语言 / "国语" …………………………… 75

五 围绕"日本语输出"的话语 ……………………………… 81

六 "日本语"的拥护者们 ……………………………………… 83

第四章 日本的近代与近代化论
　　　——战争与近代日本知识人 …………………………… 86

一 战争与知识人的自我认识 ………………………………… 86

二 他们谈了什么，什么没有谈及 ………………………… 90

三 世界史的立场与日本 ……………………………………… 92

四 暗含的主题"支那" ………………………………………… 97

五 东洋的抵抗与近代 ………………………………………… 101

六 作为非亚洲的日本 ………………………………………… 105

七 近代性思维的未成熟 ……………………………………… 108

八 日本社会的结构性病理 …………………………………… 111

第五章　"近代"主义的错误与陷阱

　　——丸山真男的"近代" ················· 115

一　投向"近代"的两种视线 ················· 115

二　对"近代性思维"的追问 ················· 117

三　日本社会的结构性病理 ················· 121

四　"近代"的理念型 ················· 123

五　什么被发现了，什么未能被发现？ ················· 126

第六章　在"隐匿"和"指控"之间

　　——战争的记忆与战后意识 ················· 128

一　被隐匿的要求"重述"过去的欲望 ················· 128

二　历史的"修正"要求 ················· 130

三　实行隐匿的国家与战后意识 ················· 135

四　"指控"的修辞法 ················· 137

五　对事件的"重述" ················· 139

六　在"隐匿"与"指控"之间 ················· 141

第七章　被书写者与无法书写者

　　——历史表象与死者的记忆 ················· 144

一　"被记述者"与"无法记述者" ················· 144

二　"纪念馆、纪念碑"与历史表象 ················· 145

三　达豪与广岛的纪念馆 ················· 146

四　所谓"纪念碑式历史" ················· 149

五　作为"负面遗产"的对于过去历史的表象化 ················· 151

第八章 "日本民族"概念的知识考古

　　——"民族""日本民族"概念的确立 ……………… 155

一 所谓考古学解读 ……………………………………… 155

二 有关概念确立的"时差" ………………………………… 156

三 辞典中的"民族" ……………………………………… 158

四 "民族"概念的转换性确立 …………………………… 160

五 国粹主义"日本" ……………………………………… 163

六 "日本民族"概念的确立 ……………………………… 165

七 "日本民族"概念的二重化 …………………………… 166

第九章 "民族国家"的伦理学建构（一）

　　——和辻哲郎：从 ethics 到伦理 ……………… 169

一 先有"伦理学" ………………………………………… 169

二 国民道德的需要 ……………………………………… 171

三 从"ethics"到"伦理" ………………………………… 172

四 "伦理"的解释学 ……………………………………… 175

第十章 "民族国家"的伦理学建构（二）

　　——和辻哲郎：昭和日本的伦理学 …………… 179

一 "伦理"概念的重构 …………………………………… 179

二 "人间"概念的重构 …………………………………… 181

三 具有人间共同态的伦理学 …………………………… 183

四 "公共性"与"私人存在" …………………………… 184

五 作为文化共同体的"民族" …………………………… 187

第十一章　哲学的民族主义表征

　　——"种的逻辑"与国家之本体论 ……………… 191

一　昭和 18 年的哲学家 ………………………………… 191

二　死 …………………………………………………… 193

三　为了国家的义务之死 ……………………………… 195

四　国家之本体论 ……………………………………… 198

五　"种"的逻辑 ……………………………………… 199

注　释 …………………………………………………… 204

译后记 …………………………………………………… 227

出版者附识 ……………………………………………… 232

中文版作者序言

目前，我的著作正由三联书店以"子安宣邦作品集"的形式陆续翻译出版，以供中国读者阅读。这些著作都是自20世纪末的90年代至新世纪第一个10年之间写作的。其间，准确地说是2003年，我由大学这一教育研究的现场退休，之后便一直作为普通市民中的思想史研究者在市民讲座上以社会人为对象授课至今。面对市民的讲义，当然要以一般社会公众能够理解为前提。不过，这也并没有使我的讲义内容和水准变得通俗易懂。相反，经过不断的讲授，这些讲义更具有了当下的问题意识、历史批判的思想性与方法论意识。因为，讲座直接面对着现实社会的问题。而我的授课，则始终是在与社会人身份的听讲者构成的紧张关系中展开的。

这15年来我与市民讲座中社会人一起所做的，乃是对日本近代政治史、思想史、宗教史和语言史等进行批判性解构与重估的工作。我认为，只有经过这样的批判性重估，我们才能找到21世纪日本的正确发展道路，乃至与中国或韩国建立起真正的邻居关系。有关这个市民讲座我还想再说明一点，即解读《论语》也是在此讲座上进行的。我觉得，这部东亚最重要的古典作品，亦只有经过对规定和束缚着我们的"近代"知识进行自我反思的思想批判，才能超越其原初的意义和学派性、民族性而向我们展示出对人类的普遍性意义。《孔子的学问》（三联书店刊行）就是这样成书的。而构成这套"子安宣邦作品集"的几乎所有著作，都源自这些市民讲座的讲义。

以上，是我对"作品集"各部著作的形成所做的回顾。之所以谈这些，是因为其中收录了本书，而译者要我为此写一篇序言。我在20世纪90年代开始了一系列思想史的研究工作，《近代知识考古学——国家、战争与知识人》（岩波书店，1996）便是最初的成果，如今这部书的中文版则是在此基础上重编的。我回顾的视线，自然要落在这本书上。那么，该书是怎样开始动笔的呢？

如前所述，我至今依然在进行的批判性思想工作，始于20世纪90年代初。这正是日本的战败即将过去半个世纪的时候。与此同时，也是我们经历了冷战结构解体等诸种世界史性事件的时期，我们不得不痛切地思考：与世界转换一同即将过去的那个世纪到底是怎样的。那时，岩波书店正在策划"当代思想"讲座丛书，而协助编辑工作的我则试图通过对作为近代日本自我及他者认识的知识形态进行批判性检证，来完成这项任务。我认为，此刻，作为近代日本的知识，其与日本国家一起确立起来的学问形态本身，必须加以追究。同时，"近代"对于日本知识分子来说到底意味着什么，这也是我作为思想史学者必须追问的课题。也正是在这种情况下，我撰写了本书中的主要论文，如"一国民俗学的确立"、"近代知识与中国观——'支那学'的确立"及"日本的近代与近代化论——战争与近代日本知识人"等。

我在这些论文中所阐明的是，以国民为主题确立起来的新的自我认识之学（国学）——柳田民俗学，还有以内藤湖南为指导、根据严格的文献考证方法而建立起来的京都大学支那学的帝国日本对他者中国的支配性的学说，何以会成为这样的知识。针对民俗学、支那学，还有国语学和伦理学等这些成立于近代日本的学术话语，我的分析方法既受到了米歇尔·福柯《知识考古学》的强烈刺激，同时也是由日本近代知识必须转变这一意识所触发而自觉意识到的批判性认识方法。

在这个时期，即战后即将过去半个世纪的90年代初期，我撰写了多篇检证"战后50年"的论文。它们是关于丸山真男的问题、日本语的问题、历史认识以及战争记忆的问题等。这些有关战后时代话语分析的论述，与刚才提到的有关柳田国男和内藤湖南等近代日本学术知识的话语分析的论文合在一起，编成了一册《近代知识考古学》。

如今，我想在这部著作的基础上再加入《日本民族主义解读》（白泽社，2007）一书中的数篇论文，编成中文版的《近代知识考古学》而奉献给中国读者。《日本民族主义解读》是我在现实社会中的，即市民讲座上授课的最初成果。在该书的序言里，我这样写道："我的日本民族主义解读，将对引导和支撑甚至造就了国家和战争的20世纪帝国日本的话语进行彻底的批判性解构。这是我的历史研究工作。所谓历史认识，乃是要否定历史修正主义者所谓战前战后的日本并没有断裂的观点，从而使我们的将来不再遭到荒废而势在必行的认识工作。"

如今，我期望在增加了《日本民族主义解读》中的部分篇章后编成一部新的《近代知识考古学》，以作为"子安宣邦作品集"的方法论序章。幸运的是，这种想法得到了三联书店的赞同，中文版《近代知识考古学》也因此即将面世。

察觉到我的想法而重新编辑了《近代知识考古学》的，是对我的思想史工作多有理解的赵京华先生。他同时也担任了该书的中文版翻译工作。作为"子安宣邦作品集"之重要的一卷，本书得以与中国读者见面，这对我来说是莫大的荣誉，也是莫大的喜悦。在此，我要对赵京华先生连同三联书店致以诚挚的谢忱。

子安宣邦

2018 年 10 月 1 日

第一章
一国民俗学的确立

我被逼到两难的绝境，必须做出选择。或者张大眼睛去面对这样一种光景——作为往昔的旅行者他对所有乃至绝大部分的事实没有理解，更恶劣的是还感到可笑和厌恶——或者作为现代的旅行家，我也许要忙于追溯那业已消失的现实痕迹。总之，无论从哪个方面来说，我都是败者。

——列维-斯特劳斯《忧郁的热带》

回顾昭和 6 年（1931），在我们的学问方面似乎可以留下永久而愉快的印象。最让我感激的是，不满足于以往心血来潮或片段式的采集调查而试图重新建立起系统的观察和记录的计划，不期然地在全国各地出现了。我不止一次想提倡一国民俗学而多有踌躇犹豫，如今已不必担心人们会说我狂妄自大了，我们可以期待和祝愿这一新学问在日本国土上的繁荣和发展了。

——柳田国男《食物与心脏》

一 他并非一个"旅行者"

柳田国男始终在旅行，但他不是一个旅行者。就是说，他不是那种被所到访的土地上的人们视为"外来者"而拒之门外的旅行者。色川大吉说，"柳田的人生是始于旅行又终于旅行的一生"[1]，这旅行的经验"胜过他所读的万卷之书，而给其民俗学带来重要的意义"。柳田走访冲绳，是在大正10年（1921）1月。而在这一年之前他脱离官场，开始了踏遍全国的旅行，于大正9年（1920）12月来到九州的东海岸南端，而抵达那霸据说是在翌年的1月5日。《海南小记》记录了包括这两个来月的冲绳旅行在内的所见所闻和实地考察。人们说这使柳田的关注焦点由"山人"转向了"常民"，并将此深深植根于他的内心，直到其最后的著述《海上之路》为止。

如果说这促使他的关注焦点由"山人"转向了"常民"，那么引起他的关注重心从对平原的共同体社会之"外"向"内"转变的对冲绳的访问，到底是怎样的一种旅行呢？的确，南岛的见闻给柳田国男以巨大的知识上的兴奋，这兴奋一直持续到有折口信夫等参加的"南岛谈话会"召开为止。然而，这是一次发现冲绳的旅行吗？不，他所发现的是促使其关注重心转移的一个视野、某种观念，或者通过旅行试图再次印证的长期以来所怀抱之某种推测的正确性。

让我们来看看柳田的《海南小记》后半部有关"炭烧小五郎"的传说，还有"蒲葵"树及有关其名字由来的执着探索吧。说到歌咏蒲葵林之美的八重山小岛鸠间的歌谣章句，柳田写道：

> 这些岛上的同胞在与我们分离以前，可以说是和我们一样感受到了蒲葵的清新与美丽的，一个证据便是：移居到没有蒲葵的地方，经历了多少个世纪之后，仍有很多贵人想尽一切办法，到远方去搜集蒲葵的叶子，而爱

惜不舍。[2]

这里，柳田国男所谓"贵人"乃是往古爱用蒲葵叶子的"大和"王朝的贵族们。上述文章清楚说明了，柳田在文献乃至现地寻找蒲葵叶子的视线，究竟是要在八重山鸠间的一节章句中发现或读出什么来。此乃"大和"民族走过的道路，乃"大和"文化所描绘出来的同心圆轮所及的范围于文化的中心已然消失而在边缘地带仍然残留的痕迹。这不是对冲绳的发现，而是对"大和"的发现。或者应该说是一种自我认知、自我解释的状态。

柳田国男的确去了冲绳，而且自己阐释了这一旅行的重大意义："我于大正9年去了冲绳，今天想来有着非常大的意义"（《民间传承论》）；"对于我们的学问来说，发现冲绳乃是划时代的一件大事"（《乡土生活研究法》）。那么，为什么说冲绳之旅乃至冲绳的发现，对于"我们的学问"具有划时代的意义呢？何以如此重要呢？

　　首先是语言方面，观其文献记录，在内地已经完全不再使用的单词、语法仍然活用于这里。我们偶然地发现，从音韵上讲认为是地方的口音或已于近世衰落者，仍然存在于这个岛子上。……而在信仰方面，如神社的起始、女性的地位、中古时代因神舆的普及自然演变而来的祭祀形式，以及神与祖先的关系等，即以往只是给我们空想的假说以旁证的事实，在这个岛屿上则作为理所当然的事情存在着。（《乡土生活研究法》）

在有关民俗学上"遥远的一致"这一真理论证的方法论一章中，柳田国男谈到了"发现冲绳"的民俗学意义。可是，在这一意义上被讲述的冲绳乃是可以用来推测已经失去的"大和"之古语和祭祀形式的冲绳。[3] 而用"发现"一语来自我确认和理解的，是在映照出"大和"古代的远隔地发现冲绳的自我观照的正确无疑。所推理和重构的，永远是"大和"。因此，柳田这样阐释琉球诸岛包括各孤岛在民俗学研究上的重要性："即使是那些与国民有些脱离开来的各岛屿，为了通过比较映现出整个民族的古代，也极有必要尽早推进各自的乡土研究。"（《乡土生活研究法》）通过乡土或民间传承研究所收集到的资料，不久便转化为确认某种实体存在的证据，我将这种柳田民俗学预设的假想实体称作"大和"。

柳田国男的确游历了冲绳。但他不是作为那块土地的他者的旅行者，更不是列维－斯特劳斯于《忧郁的热带》中透露出来的具有"败者"意识的旅行家。[4] 相反，他是已经具有了折回"大和"内部的视野并对此确信不疑的密切观察者。

二 内部的观察者

实际上，柳田国男自己也强调：构筑民俗学知识的人或者民俗学资料收集者，不应该是与该土地不相干的"旅行者"。而国别民俗学（一国民俗学）优越于建立在"土俗调查"之上的民族学，柳田则认为原因在于后者作为"旅行家"对异质人种的调查有局限性。

民间传承上的采访与土俗调查之间最值得注意的不同

在于：前者以各国为主要对象，后者则是以旅行者、寄寓者所见到的异质人种为对象。两者都谋求人生事实或直接调查以外获得的资料，这一点是一致的。但是，前者能够将调查深入到精密细微的内部心理现象，而后者只能粗略地记录其见闻。(《民间传承论》)

民族学调查者归根结底是"旅行者"，因为他们只具有外在于调查对象的视野。而并非"旅行者"的民俗资料收集者，乃是具有"能够将调查深入到精密细微的内部心理现象"而拥有内在于调查对象之视野的人。正是由于有可能深入到"精密细微的内部心理现象"，国别民俗学（一国民俗学）的调查才优越于"旅行者"对于不同人种的调查之学（民族学）。

当然，与外在于调查对象的视野相比较，内在的视野亦非可以任意获得的方法论立场。所谓内在的视野，乃是志在建立本国民俗学的人所带有的特权性视野。《乡土生活研究法》《民间传承论》被视为对民族学进行方法论批判而志在确立自身民俗学方法的著作，它们虽然采取了谈论方法论的写作体裁，但真正要确认的是"得以从内部来观察"的内部的人优越性的特权。当注意到这里重叠着"得以从内部来观察"本国的知识上的自豪时，我们便会看到在近代日本建立民俗学的意识的根基里所暴露出来的东西了。

野蛮人最可怜的地方就在于：他们没有属于同胞种族的史家，他们只有通过带着某种目的的异邦人之笔才能知晓自己的前代历史。与之相反，只要有志向便总可以自由自在地追寻本民族生活痕迹的我们，则是可以感到喜悦的。

只要人类还存在着语言上的隔阂，无论哪个时代其史学都应该是国民的，也因此，本国历史与外国历史虽似曾相似却始终必须分别来加以研究。同时这里还存在着一个事实，即归根结底我们无法期待他人来记述自己的乡土史。(《乡土生活研究法》)

柳田国男接着写道："三年五载的寄寓者往往很孤立，通常是比起观察者来被观察一方多有戒心，因此于同乡同族之间相互无言而心照不宣的事情，常常不想告诉这些寄寓者。"由此我们知道，这里针对"旅行者、寄寓者"之调查的批判，实际上是在明目张胆地强调"内部之人"的特权。

然而，"内部之人"与调查对象之间有亲近的关联，这种主张因其过分的乐观自信而将遮蔽下面这一事态：被观察的事物其实也是某种个别视野的产物。另外，琉球诸岛之于近代以前日本的地位，令我想起巴厘岛之于前殖民地时代印度尼西亚的地位。我在这里提到巴厘岛，是因为注意到考察巴厘岛"尼加拉"的克利福德·格尔茨在方法论上的慎重考虑。巴厘岛没有像印度尼西亚其他地区那样被伊斯兰化或严重地荷兰化，用柳田式的说法，便是它具有可以反映出前殖民地时代印度尼西亚文明和国家形态的特权地位。格尔茨根据巴厘岛的材料，试图提示作为政治秩序之特殊变种的"尼加拉"模式的存在。在这种情况下，他明确指出这个模式是抽象的、观念性的构成物，强调这一模式的运用有其局限性。

这样一种模式本身是抽象的。虽然它以经验性的材料构筑而成，但当解释其他经验性材料时，不能适用于演绎而只能试验性地加以应用。因此，这个模式是观念性的，而非历史性的。另一方面，该模式乃是已经获得一定了解的某一社会文化上的制度，即19世纪巴厘岛国家之单纯化的、当然与事实有所隔阂、理论上带有偏颇的某种表象。（《尼加拉——19世纪巴厘剧场国家》[5]）

作为对象的由经验性材料所构成而有助于理解的理念型模式是一个抽象物，而绝非历史性的存在。这种慎重的态度，因研究者的视野外在于对象而得到了进一步加强。相反，强调"内部"观察者的特权意识，不仅会失去与对象的距离，而且将遮蔽被观察到的事物。因为，他试图只描绘那个同心圆。强调"内部"视野拥有特权性的人，其实只是看到了自己要看的，即与自己亲近的"大和"而已。

通过强调自身民俗学具有源自"内部"观察的特权性，而建立起"一国民俗学"。正如前面所引柳田国男的话所巧妙传达的那样，建立"一国民俗学"的意识与将"国史"带进近代学术领域并确立为日本的学问这样一种意识，是暗自相通的。一如柳田本人所言，"一国民俗学"乃是近代日本"认识自我的学问"（《民间传承论》），即"新国学"。[6]

三 新的"御国学"

柳田国男自己承认，以"一国民俗学"之名义而建立起来的民俗学是新的"御国学"（《乡土生活研究法》），是日本人"认识自我的学问"。就是说，此乃再生于近代的"国学"。不久，他又改称其为"新国学"。然而，尽管这个民俗学继承了久远的"国学"理念，它到底还是一种"新学"。而由柳田所倡导的作为"新学"的民俗学，事实上在昭和史的行进过程中集结了众多的热心支持者。这些支持者推动了新"御国学"即乡土史或民间传承的调查研究，并在柳田民俗学研究所中逐渐积累起规模庞大的资料。

柳田国男说"少数的贵族死后留下了古墓，而亿万常民之死却什么纪念碑也没有留下来"（《民间传承论》）。大概是这些有关"常民"或"平民"的言辞，给柳田民俗学以强烈的"新学"形象并使人们对这一学问产生了共鸣。还有，因为这些言辞也使在对民众投以亲近视线的知识分子和学者中间，产生了不少声援和理解柳田学说的人。也正是这种投向既往历史不曾记录的人们的生活的视线，才是该学问的新鲜处并因此促成了广泛的共鸣。

然而，我不想在此诠释构成柳田民俗学基础的所谓"常民"乃至"常人"概念，这里没有必要通过柳田国男的著作来体会"常民"概念的内涵。重要的问题在于对所谓"平民"或者"常民"所投射的全新视线，即由柳田发出的以这些概念为主题的话语。这些话语刺激了那些谋求向历史投以新视线的人。需要质疑的不是"常民"概念，而是柳田投向"常民"的全新而亲近的视线之意义，是面向"常民"生活，围绕他们的生与死而亲密述说的话语意义。

还有如上所述，冲绳也是被柳田国男"发现"而投以新的亲密视线的对象。重新观察冲绳与重新发现平民一样，都是作为"一国民俗学"的柳田学之成立所不可缺少的契机。明治政府"琉球处分"[7]的决定使冲绳被组合到日本国家之中，对此投以亲切视线的柳田主张建立新的历史之学：要重新关注冲绳历史上不曾被记载的平民生活，重新挖掘他们的生与死。

> 乡土研究的第一要义，简单说来便是认识平民的过去。……了解平民至今为止走过的路，从我们平民的角度讲，也就是了解我们自己，即反省自我。……探究平民史乃是平民强烈的自然要求，是不能不做的学问。(《乡土生活研究法》)

柳田民俗学就是这样，强调以"认识平民的过去"为第一要义。这里所谓的平民，指的是为官制史学所忘却、在不曾被记载的"史外史"(《民间传承论》)中存在着的、过着普通生活的"常民大众"。柳田国男关注的是他们日常的生活和习俗，他们的"衣食住"。这是没有历史记载的，也即今日难以追溯其变化痕迹的普通人的生活，乃至难以探寻的日常生活感觉以及规范其日常生活的意识。而试图讲述这一切的柳田的话语，首先充满了对史学的激烈批判。

> 从《春秋》开始，笔录者只是将认为足以传诸后代的事实记载于竹帛上，这便是历史。……可以说，史官从当初开始就持有欲把历史的一部分非历史化的意图。对于我等来说，在史官所删除的常民大众的历史中，有我们想知道的历史，即所谓的史外史。……可以说，至今被忘却的常民大众的历史……民间传承的学问，就是要起而补救这种历史欠缺。(《民间传承论》)

柳田国男这番愤慨于历史欠缺和史官之轻视的话语，好像与对那些连冤恨之词也不曾留下的阶级之同情重叠在一起似的。于此，将不曾在历史中留下痕迹、被压在底层的阶级的冤恨搭救出来，加以重新记录——柳田的新"御国学"仿佛给了人们以这样的幻觉。如此，历史学家的错觉使他们在柳田"一国民俗学"中看到了对官制的近代化和西洋化的抵抗，却没有发现柳田这些有关平民的话语正是强有力的日本国家近代化的话语。

四 投向平民日常的视线

柳田国男的文章常常让人惊叹，督促人们不断关注其民俗学，例如：

> 比这个隐藏更深的变动也发生在我们的内部。如轻而厚实的衣料之快适的压迫，使常人的肌肤变得敏锐多感起来。胸毛背毛的发育也变得不必要了，而身体和衣服的关系则重要起来，让我们强烈地感到裸露身体的不安。另一方面，至今为止只可以观看的红、绿、紫等，仿佛自然天成似的，渐渐成了属于我们每个人的衣着。心的跃动马上会变成有形的东西，歌也好，泣也好，人们都比以往更加美丽。(《木棉以前的事情》)

为这样的文章所动情而成为柳田著作爱好者的人的确不在少数。[8] 这文章巧妙地、以非常优美的文字表现了人们不曾留意的日常生活中曾经发生的变化，而且是通过身体感觉来表述的。然而，柳田这美丽的言辞所映现出来的，只是曾经有过的生活的一种变化的断面吗？毋宁说对于变化做出的断面式描写所映现出来的，是再自然不过的日常生活状态。这对变化的描写乃是为了再一次鲜明地照射出这种理所当然的日常。另外，我们再来看看叙述与木棉衣服的导入一起出现的平民生活中的陶瓷茶碗的一段文字：

> 宛如往昔贵族公子喜悦于佩玉一般，前齿碰到陶器所发出的幽婉的响声，还有雕刻着鹤与松的优美漆器，给予人们的喜悦都难以忘怀。就连贫穷的烧炭之家也不必有什么负担而轻易能得到这些器具，这新的幸福当然来自时代的发展，在这一点上比起使用木棉而抛弃了麻布，更无条件地使我们得到了利益。（《木棉以前的事情》）

以接触陶器所获得的新鲜感觉，来描写连贫穷之家也有的因陶器茶碗的导入而带来的饮食文化的变迁，使我们感到这篇文章有与发现"民艺"日用品之美的审美意识相仿佛的视线。这视线，可以说是面向平民的日常叫道"这家伙真漂亮"而随意投以价值判断的那样一种审美意识。柳田国男对生活断面之变化的描写，乃是对于自然的日常生活且为历史所忘却的平民生活，投以新的光亮，这让人想起那初始的喜悦感觉。可是，在这种重新发现平民日常生活而于叙述上过于诗化的文章里，有着"叙述"的可疑性。柳田投以亲近目光的平民之"日常"，永远是在他的叙述语境中被捕捉到的东西。

> 而且，接受这些陶器茶碗并非什么人的恩惠，故我们已经记不得那当初的喜悦。虽说偶然，甚至有人觉得如此

这般有了牢固基础的今日之新文明，仿佛佩利提督带来的东西似的。(《木棉以前的事情》)

柳田国男讲述使用陶器茶碗时的新鲜感觉的语词，正存在于上述"佩利提督"的文章语境之中。这个语境才是重新注视平民之"日常"的柳田所肩负的本质性主题。将这个本质性主题隐藏起来的柳田文章表述得如此诗情画意，而变成了说教甚至故弄玄虚。比如，他讲述"萨摩芋的恩泽"一节的晦涩正与此本质性主题相关，故被叙述的薯也变得难懂起来。在此，"萨摩芋的恩泽"题目本身亦已成为一种暗示。

既然有了薯，便作为食物用，一旦吃了而果腹便想到安住，贫穷也变得不那样难以忍受了，虽说结果是让子孙长久地受苦。既然如此，想到遥远的未来之幸福与不幸，而摆脱眼前这甜而柔软的食物的诱惑，则在神人都是做不到的。(《木棉以前的事情》)

对于吃了仅有的萨摩芋以充饥的人来说，连接受芋给子孙带来的艰难都要加以考量的此种文章，不是欺瞒还是什么呢？柳田国男强调对被忘却的"史外史"投以新的目光，这仿佛是站在历史的外部，即"平民"这一视野上似的。然而，那不过是民众主义者的期待而已。柳田不过是从历史的中心出发，强调把既往历史所忘却的存在重新作为"国民的历史"来阅读的重要性而已。接受了陶瓷茶碗的平民生活绝不是"佩利提督"所带来的，而是存在于有着先祖传来的"牢固基础"的"文明"之中，这才是柳田叙述的主题。在下一节文字中，柳田文章的欺骗性尤其明显。这段文字讲的是悲惨的女工们"闲得无事"走进工场，成为木棉衣服诞生过程中的牺牲，即棉尘的牺牲。

> 越前西之谷一带，男人们住到远隔的矿山去，女人们闲得无事，年轻伙伴儿们相邀去了大阪的纺织厂，而十多年前自己曾住于此地的时候，便看到了三家中必有一个脸面苍白的姑娘，从工场归来走在路上的光景。（《木棉以前的事情》）

五　以"国民"为主题的学问

> 既然要做乡土研究，如果不能提出共通的疑问而只偏于各自的一隅，满足于零散的知识，则是无从起步的。……更为可惜的是年轻人徒费劳苦，其学问脱不出随笔漫谈的境地，忙于采集而试图早日出成就，对更为根本的重要资料不想加以补救收集，结果只有在日本才能观察到的那些资料渐渐变得稀少了。（《食物与心脏》）

对拘泥于挖掘个别的乡土资料，满足于地方特殊的分散知识这样一种研究，柳田国男表示出不满和批判。强调乡土研究也要回答现代人抱有的"共通的疑问"，或者极力主张去收集、调查"更为根本的重要资料"。他说，"共通的疑问"便是如"制度"那样的问题："只因为制度是人们思考创造出来的东西，故其旨趣非常明了，但后来其中的一部分变得难以理解，因此再一次追问其所以然，便是我们要探究的"(《食物与心脏》)问题。柳田在此强调问题的紧迫性,但却不甚清楚他要探讨制度是什么意思。在《乡土生活研究法》中,他解释说:"个人有其所属,自己与他人分开来的过程,或者男人强而女人从之的规矩,比之母亲更尊重父亲等,这些都是从什么时候开始的,探究制度便是要追寻今日社会之种种事项的渊源。"他还强调,这些问题的根本可以归结为"家庭的组织"问题。由此我们基本上可以推测到,所谓乡土研究应具有的"共通的疑问"到底指的是什么。

然而,面对"今日"之需要而追溯事物的渊源以做出解答,这种学问的逻辑在于对当下问题的解答最终追溯到过去的本源上去。面对国家出现危机的彼刻,昭和时代的柳田学说最终归结为阐明民族的"固有信仰"或有关家族的"祖灵信仰"。我们在此不仅要观其民俗之学的思想特性,更要找出为回答今日之所求而走向"一国民俗学"的内在逻辑之终极状态。不过,有关这一问题的详细讨论,我将放在后面来进行。

柳田国男强调,与发自"今日社会诸相"的"共通的疑问"相比,"限于某个乡土社会的疑问"等乃是不去理会也无妨的"小问题",如果只是为了这些问题而从事研究,就"没有必要大张旗鼓地兴起乡土研究了"。在谈论建立民俗之学的目的和所承担的课题时,对那些没有自觉到这一学问的根本目的,只是从事琐碎的乡土研究或忙于在古代寻找趣味性考证的现象,柳田批判的言辞是相当激烈的。

好不容易学得民间传承的收集处理方法,又有幸生于资料格外丰富的国度,却只是与土器石器挖掘者相竞争，一味搞像断了线的气球似的古代研究，或者只去修补贝原氏的《大和事始》等，这对我们来说绝不是什么幸运的事情。以文化史为实学或者相信乡土研究可以拯救时势弊端的我们，从逻辑上也是不容许上述事态的。(《食物与心脏》)

我们从上述激烈批判以及同时宣告的有关"益世报国"之学问追求的言辞中，不难发现柳田国男经世济民的学问志向。但是，我并非想通过上述引文来再一次确认柳田的学问志向，即生于明治8年（1875）的明治人，曾任贵族院书记长官、国际联盟委任统治委员会委员的柳田 [9] 其经世济民的志向。若要强调这种志向，说它是一种期待真正从内部建立民族国家的志向，可能更恰当吧。总之，我不想讨论如何给他的学问目的做出正确的评价。我只想指出一点，在其批判的言辞里值得注目的是，柳田所强调的目的也便构成了其学问的逻辑。具体的乡土生活研究所应承担的，便是贯穿于这些研究的学问逻辑。也可以说，"一国民俗学"就是要将这些研究加以综合的一个步骤。进而，亦是他从众多民俗学材料中获取的民俗学逻辑。在上述批判之后，柳田又说到"益世报国"：

懂得自己的考察为一大学问的一部分，在综合意识之下根据一己之力来分担，若不如此，则益世报国自然做不到，仅就一乡土的幸福而言，也难以提供改革之策。(《食物与心脏》)

就是说，必须在构筑"一国民俗学"逻辑的"综合意识"下，实行个别乡土研究。从柳田的方面观之可以理解为，将个别乡土生活研究和民间传承的调查成果综合为"一国民俗学"，这便是"综合意识"一词所包含的意义。或者也可以说，他解读民俗材料的意识所言说的，便是其构成"一国民俗学"的综合逻辑。正如他所谓"将来这个学问必须是为国民的"（《食物与心脏》）那样，"国民"才是其综合的理念。

"国民"是将个别乡土研究成果和各地平民生活记录转化为一个综合的柳田学之主题，也是其学问的逻辑所在。强调以本国内部观察者的亲密视线来解读民俗材料的柳田民俗学，就是将边地住民的习俗和民谣以及正史之外的平民生活作为"国民"生活来解释的学问，也即在这个主题之下从这些材料中寻找其综合方法的学问。"一国民俗学"就是这样一种学问。

地方民谣或平民的衣食习俗并非瓦解以往历史的外部性存在，而是走向以"国民"为主题的"一国民俗学"内部的材料。

六 "国语"的将来

> 这里，我们最初遇到的问题便是何谓一国语言学的成功？它是否意味着进步？（《国语的将来》）

可以说，"一国语言学"这一说法乃是倡导"一国民俗学"的柳田国男自然会发出的话语。在他关注"一国语言学"能否成功而投向国语的视线以及围绕国语所做的表态中，我们所追究的"一国民俗学"的主题乃至逻辑的问题性均以鲜明的形态得到了展示。

柳田国男一面说自己是平民的一员，一面又强调对平民的日常需要投以亲密的视线。对国语也是一样,强调自己并非专门的国语学者,只是站在一个"国语利用者"的立场而感到深深的忧虑。"简单说来,我的立场便是一个国语利用者的立场。以吃饭打比方,我既不是厨师,也不是跑堂的,而只是一个吃客。"(《国语的将来》)然而,若只是一介平民,没有必要讲对平民的日常投以亲密视线什么的,若单是日语的使用者也没有必要去讲什么"国语的将来"。人们从"平民"作为主题的叙述中所见到的,无论在政治层面还是知识层面上,都是与平民相隔的政治家或学者知识分子话语叙述。进而,叙述者心中的主题与"平民"全然两样。在柳田那里,这便是"国民"。只是作为一个日常行为而讲日语的人,怎么会忧虑"国语的将来"呢?这已让人感到此乃掩盖其国语之政治立场的伪诈之词。

柳田国男有关国语的言辞,是从忧虑"国语的将来"而主张"爱护国语"的立场出发做出的表态。可是,这种表态中就没有令人生疑之处吗?真的是不言自明的东西吗?我们先来看看强调"爱护国语"这一奇妙的话语吧。

> 我认为,真诚期待国民思想之自然表露的,悲愤于无意识中养成语言陋习的人,在国语教育方面会最有效地完成其推动和防止的任务。……国语之爱护一事,今天不必说了,乃是没有一个人反对的全国一致的政策。我以为,无论走到哪里,用日语讲自己所要讲的一切,用日语写自己所要写的一切,而且清晰地表白自己的心情并将其感动至深地传达给对方,能做到这一点才是对国语真正的爱护。(《国语的将来》)

这是一段奇妙的话语，围绕着国语的这些话语究竟要表达什么意思呢？而更让我们注意的还有如此讲话的叙述者本身。他所谓"真诚期待国民思想之自然表露"者，到底是一个什么东西？口口声声"国语的将来""国语之爱护"的人究竟为何人？

接触到讨论国语的此文，人们会产生这样的疑问：对"国语的将来"如此一往情深，诉说"国语之爱护"的是何许人也？如果不曾发出这样的疑问，那么这读者恐怕已然被引入柳田国男那欺诈的语境之中了。下面这段话便是其语境："国语之爱护一事，今天不必说了，乃是没有一个人反对的全国一致的政策。"

平常使用日语者已然成了日本国家的国民，作为国民要强调对民族国家语的爱护乃是当然的事情，何况柳田国男认为这毋宁说是"全国一致的政策"。同样，对佯装不言自明而为国语下定义的这种战略性语词不抱疑问的人，自然也不会去怀疑柳田"国语之爱护"的叙述。"平常讲日本语的人，便是作为国民而讲国语者"。柳田正是将此纲领视为不证自明的东西来叙述"国语之爱护"的。然而，这一表述彻底隐匿了将日常说日语者视为国民，从而隐匿了说国语者之国家权力方面的政治意图及其实现过程。说日语的大众根本不是自明的国民，他们并没有成为国民。在民族国家建设相对落后的日本，乃是按照本尼迪克特·安德森[10]所谓"官方民族主义"的普鲁士模式，即帝国通过无远弗届的政策将大众规定为国民，从而创造出国民国家来的。因此，"国语教育"便成了最重要的创造国民的政策。如果我们如此来解构"平常讲日语的人，便是作为国民而讲国语者"这一纲领的不言自明性，那么，就会识破自称为一个"国语使用者"的伪装。

所谓国语，乃是日本近代创立的国民之国家语。正因此，以

"国民"为主题的"一国民俗学"的倡导者，毫不犹豫地不断讲述他对国语教育的重大关心。那么，这位并非专家的国语学者柳田国男，伪装成一个"国语使用者"的样子，在什么地方找到发言的场域，在哪里谋求其发言的有效性呢？正如其民俗学将视野放到中央权力的历史中不曾记载的平民日常、地方或孤岛的人民生活上一样，他是把视野放到文书里没有记载的平民或者女性、儿童的日常语言活动、具有地方性偏差的方言上的。这里，在观察柳田以如此视野对国语所做的表态之前，我们先来看看其大谈"国语的将来"之希望的话语。他所预言的光明前途，实乃强有力地结合为一体的日本国民的将来。

> 我这还说不上全面的观察如果有幸正确无误，那么，面向未来是可以寄予快乐的希望的。就是说，日本人今后也当然会创造出丰富美丽的文学，心无隐蔽地自由交流，比之今日会更是一个强固地结合在一起的民族，我想这一点绝无可怀疑的余地。(《国语的将来》)

七　投向方言的视线

柳田国男的诗化想象力，使人们意识到穿着木棉服饰所产生的皮肤感觉的变化。语言也是一样，他的描述让我们对语词的发生和变化乃至词语发展的状态有了特别的感受。我们先来看看他是如何讲孩子们游戏词语的形成及其流传的，即"藏草鞋的故事，还有锤子剪刀一类以及拉钩起誓不撒谎"等。

对于喜庆活动总愿意编出些词句长短不一的口令什么的，这大概不仅仅是儿童的嗜好。由此，孩子们成群结队的活动更便于统一，若对词语的深厚意味疏忽大意是不行的。我感到，这并非偶然的所获。在我们多令人发愁的日常活计中，好容易留下了一点儿民谣，仿佛在国语比今日更为复杂的过去，那些与文字无缘的人好像就是靠这些民谣培养起自己的知性和感情的。而只有小孩子还掌管着若干的民谣标本。(《国语的将来》)

从儿童游戏歌谣里读出其发生和残存的背景来，这是柳田国男的独到本领。即在孩子们的游戏歌谣和词语中，发现大人们常年歌咏、讲述的词句和民谣的传统，并感知这一切给他们生活情感带来的变化，然后再来理解在孩子们中间传下来的那些游戏歌谣的意义。

据说，柳田国男的《蜗牛考》对"方言周圈论"加以具体考证，在语言学界和国语学方面产生了很大的冲击波。然而，如果只是接受了法国和瑞士语言地理学的影响，对全国500个以上名称不同的 katatsumuri（蜗牛）做出分类整理，通过制作分布图而证实"方言周圈论"的存在，那么或许别人也可以做到。当然，柳田的"方言周圈论"与其"远方之一致"或"从远隔地才能发现中央文化的往昔面影"的民俗学文化认识方法论，是紧密地联系在一起的。而我想指出的是，从关注不同的蜗牛名称这一角度出发，我们也可以证实与柳田"文化周圈说"结合得不那么紧密的"方言周圈论"的存在。

《蜗牛考》中柳田国男对方言的关注，似乎并非仅限于多种方言的分布和类别。我感到，与其说在这一点上展示了他的独特性，不如说其独特性在于另外的方面。直白地讲，是在多种方言的形成和发展、变化的方面。他关注语言，总是从形成的起点向人们的日常生活追溯过去。将方言空间上多样的变易形态贯穿起来的，是他那强调方言"生老病死"之时间性移动的视线，尤其是关注其形成的视线。我听说，后来的柳田对现代方言学的创始者东条操的"方言区划论"多有微词。[11]这里，存在着两人对方言的认识方法上的不同，从而也有着不同的处理方言问题的路数。在对东条的批判中，让人觉得柳田对方言的关注，似乎与对具有地区性偏差的语言多样性的关注不同。这也正是引导出他与强调文化在时间上移动和变化的"文化周圈说"紧密结合在一起的"方言周圈论"的原因。

《蜗牛考》一面推论 maimaikousi、mayituburo 等蜗牛称呼的形成过程，一面又强调还有一种叫作 maimai 的虫子存在。据说，在关西古时候就有 mizusumasi 的叫法。可是，柳田国男考察 maimaituburo 之名的形成过程的笔触却被"maimai"的发音所吸引着，而移到对标准语"水清澈"的各地不同名称的考察上去了。他解释说因土地的不同，mizusumasi 又有 sirokakimusi、tauemusi、saotome、soutame、hyoutame 等名称，接着便描写了这些名称形成的情形。

> 如果是知道以前各村子五月少女的清丽歌唱和笑颜如花的光景的人，那么，就很容易想到 mizusumasi 那不同名称产生的情景。庄稼人收工回家的路上，如稻田里的水比较清静的傍晚等时刻，就会有这种虫子出来在水上戏耍。因此，这虫子便自然地叫作"水清澈"了。(《蜗牛考》)

在可与生动表现了木棉导入后人的皮肤感觉变化的那篇文章媲美的此文中，柳田国男所描绘的正是作为生活语言的方言之形成演进的景象。正如此种描写所见到的，他对方言的关注是投向方言产生场域的人们结集生活的视线。这个生活世界，不单是地方农民的农事和衣食住的世界，它还是孩子玩耍的世界、语言游戏的世界，以及大人们的社会里以一定的词句进行例行喜庆活动的世界。与投向民俗事项的视线相同，对于方言他所注意的也是人们的言语。观察孩子们游戏世界里生动的景象后，柳田这样说道：

> 小儿对蜗牛也是一样，大人更不必说了，他们总是愿意选择最生动活泼的言语来称呼的。从后代长者的立场出发对此说三道四终究是不应该的。因此，概括起来，说这是"生活的要求"也没有什么关系的，过去和将来一样，世上的事情既然在发展，那么，结果语言也不能不变迁的。（《蜗牛考》）

"后代长者的立场"云云，与对官制的历史之批判一样，包含着对来自中央的标准语政策的曲折批判，这暂且不论。总之，反对轻视方言的匡正政策的柳田国男所要把握的，乃是方言形成背后的活生生的人之生活感觉。而被这种生活感觉所证实的方言之确立与兴废存续，倒不如说是言语的成长发展。言语的变迁如被比喻为生物的新陈代谢那样的"有机体"的变化，某种方言的衰落却不能看作只是语言的退化，正如"要入夏了竹叶便散落"一般，柳田强调，我们还要看到它以前曾经有过旺盛发育成长的时期。

国语的变迁与一切有机体一样，不用说，它参与了构成其有机体的每个分子的生老病死。作为一门学问来观察的时候，我们应该主要着眼于其成长和发展的过程。(《蜗牛考》)

八　一国语言学的成功

柳田国男对方言的关注，似乎并不注重具有地域性偏差的言语。他没有把方言视为各地特有的语言体系。现代方言学注意在包括了单词、音韵、文法的语言系统中发现其地域特有的状态，认定其为该地域的方言。[12] 而在柳田看来，只有一国的语言即"国语"才可被承认为一个语言系统。他激烈地批判那些主张把方言和土语区别开来的做法，也是出于这一考虑。

据我们所了解，土语乃是横向的讹音变化即发音上的地方性的变异，想来人们便是把这个称为方言，或者别的什么。然而，大多数人不了解这两者的分界，甚至认为方言即是讹音所化的言语。我想，这完全是人们没有去思考和理解方言为何发生之规律的结果。(《方言备忘录》)

柳田国男对方言的关注好像在于具有地域性偏差的语言的多样性上，这一点似乎与现代方言学相重叠，其实绝非如此。上面对"方言为何发生之规律"的考察，批判了语言学或方言学的不足，但在柳田那里，其批判的言辞比起对具有地域性偏差的言语多样性的关注来，毋宁说更在于作为生活语言的方言之形成和变迁方面。

而贯穿于这种关注的乃是对"国语的将来"之思虑。正如支撑他关注乡土研究和平民日常的视野是其所承担的"国民"主题一样，统领其关注方言的视线乃是他对"国语的将来"之深切的忧虑。

柳田国男强调"国语之成长力"。他主张应该在方言形成和变迁中观察其具有生活感觉的语言之成长，并试图在日本人日常的语言生活中发现"国语之成长力"。例如，他一面警告不要滥用新词，一面指出"不能将单纯的一时不留意或者滥用与原来就有的国语之成长力的自然发展"（《方言备忘录》）等同视之。他认为，在保存和升华这种日本人语言生活成长力的地方，有着国语的光辉前途。从学理上讲，"一国语言学"的成功也便系于此。

柳田国男在提出"什么是一国语言学的成功"这一问题之后，展开了他有关"国语的将来"的论述。可是仔细想来，这"一国语言学的成功"乃是颇为奇妙的说法。这不单是指其学问的成就。它与"国语的将来"的说法一起，表达了对"国语"的热切期待。我们来看看他谈国语教育的理想状态时，对自己意图的说明。

> 我所试图强调的，是古人们怎样一代一代不断地继承着那努力保护和养育国语的传统。（《国语的将来》）

这里，不仅包含了柳田国男关于国语教育的论述意图，还有其针对日本人语言生活的表态和考察所抱有的一切意图，乃至所肩负的使命。正是在出色地综合古人"保护国语"的经验中，才有"一国语言学"的成功。

"一国语言学"的成功便是我们民族国家语即国语的成功，也便是对因发扬国语的成长力而得到见证的"国语的结合"之乐观期待。这里，我们来再次引用上面那一段柳田国男对国语和民族光辉前途的预言吧。

> 日本人今后也当然会创造出丰富美丽的文学，心无隐蔽地自由交流，比之今日会更是一个强固地结合在一起的民族，我想这一点是绝无怀疑的余地的。(《国语的将来》)

九 民族内在的心意世界

"一国语言学的成功"与"国语的将来"一起，既是柳田国男所肩负的使命，又是一种期待。同时，也是贯穿于他的国语论、方言论的逻辑和通过方言资料而得以叙述的语境。我们考察了柳田"一国语言学"之后，可以这样做出结论："一国民俗学"的成立与"国语"的将来，都是他要解决的问题，也是所怀抱的期待。同时，这也是贯穿于他对民俗资料解读的逻辑和通过民俗资料而得以叙述的语境。

那么，围绕柳田国男关注冲绳的视线而展开的我对"一国民俗学"的讨论，也到了画句号的时候了。不过，在我们面前还有一个柳田"固有信仰"论的问题。然而，有一本以此"固有信仰"为主题的研究著作，其作者却给"固有信仰"论做出了这样的定论：

> 众所周知，柳田国男通过其民俗学研究试图要系统地阐明日本人的生活文化。在此生活文化中，他将日本人的信仰问题，日本人信仰的原初形态，称为"固有信仰"，而阐明这个日本人所固有的信仰原型则是他最为重视的。[13]

这一段不加深究若无其事的说明性文字，不问必须追问的问题而把它淹没到说明性叙述中去了。就是说，柳田国男试图"系统地阐明日本人的生活文化"，而且将这个问题收敛于阐释"日本人信仰的原初形态"的问题意识，即柳田这些追问方式本身或者立论方式等，在这段文字中完全没有被视为问题，它们在对柳田民俗学不证自明的说明性叙述中被付诸阙如了。可以想象，这只是一种停留在解释"固有信仰"层面上的论述，根本没有对阐明日本民族的"固有信仰"并对此加以阐释的柳田民俗学本身加以质疑。

柳田民俗学是朝向"内部"的。让我们看看众所周知的柳田民俗学资料采集的三分法。在《民间传承论》中，他强调这个三分法为"首先以映入眼中的资料为第一部分，将耳朵听到的语言资料放入第二部分，最后把只有诉诸微妙的心意感觉才能理解的东西作为第三部分"。《乡土生活研究法》的章节安排所显示的是，第一部分相当于"有形文化"，第二部分是"语言艺术"，第三部分为"心意现象"。作为"有形文化"所举出的项目是衣食住、生活形态、劳动形态、村落、家族等共同体生活及其仪式活动等。作为"语言艺术"的有语言的生成、变迁、谚语、说唱、童话、歌谣、故事、传说等。而于"心意现象"方面所列举的项目，则是"知识""生活技术""生活目的"。然而，仅只这些并没有明确其第三部分"心意现象"的意义。对于"心意现象"，柳田国男是这样概括的：

> 现在，我们要了解成为这些事实（生活事实——引者）基础的东西是什么，以及怎样乃至为什么成为其基础的。即了解那个时代的知识、社会观、道德等，要阐明人们是以什么为目标而生活过来的。我们不知道在生活的目

的当中其深处是否还有更大的什么存在着，但总之，人们是以幸福和家族的维系为目标而生活过来的。(《乡土生活研究法》)

柳田国男如此将民俗资料分为三个部分，在《民间传承论》中对各自的意义做了说明。即"我说把第一部分称作潇洒的旅行学也无妨的。因为这是过路的旅客也可以采集其资料的部分。依此类推第二部分可以称为寄寓者之学，第三部分叫作同乡人之学"。进而，关于第三部分他又说，"这是非同乡人、同国人所不能理解的部分，我觉得乡土研究的根本意义也就在这里"。

正如我早已指出的那样，柳田国男将自己的民俗学与人种学、民族学区别开来，而视后者为以"旅行者·寄寓者"这样不同人种为对象的调查之学。可是在这里，他又将限于所见所闻的民俗资料采集称为"旅行者·寄寓者之学"。就这样，他所追求的民俗学便成了只有通过"心意现象"的"同国人·同乡人"这种"内部者之眼"的洞察才有可能成立的学问。这样看来，则可以了解到柳田的民俗资料三分法说的并不是单纯的资料上的三种分类。由耳目观察到的两种资料构成了内部观察者所解读、所诠释的"同胞·同乡之心"的第三部分。那么，这三部分正说明了其"一国民俗学"的叙述程序。

再次重申，柳田国男把人种学·民族学视为"旅行者·寄寓者之学"而加以排斥，原因在于这些都是绝对无法理解"内部的心意"的外部观察者之学。而如今，当他把"心意现象"作为并非访问国郡和村子的外来"旅客"而是"同国人·同乡人"才能解读的资料时，他所谓的民俗学也就成了只有内部观察者才有可能解读的学问。就是说，其"一国民俗学"只是具有"内部观察者"特权性视角的人才可以做的学问。或者，只有这种视线才能达成的学问。

即使那些了解其语言的外来观察者，也只有外观上一些意想不到的东西作为奇风异俗而映于其眼帘，而在生活于同样氛围中的同胞那里，则理会其言语所没能反映出来的内部感觉、成为喜庆活动的齿轮或润滑油者等，都不会有什么困难的。(《神道与民俗学》)

可是，通过只有此种"内部之人"才容许有的特权性视线而成就的学问究竟是什么呢？这最终只能成为点缀着他祈祷"民族之魂"似的思绪的那种东西。

十 "固有信仰"的叙述

柳田国男的"固有信仰"话语，是指向"内部"的民俗学以"内部者"的亲密视线来解读民俗资料的一种叙述。我们来看柳田国男以先祖之志为志向来叙述"固有信仰"的一段话：

我们相信先祖的呵护，依赖其自发的恩泽，我们甚至感到没有必要去诉说自己特别需要拯救的苦恼。祭祀之时仿佛只有无尽的感恩和喜悦从心底自然流露出来，原因就在于历代的智慧——先祖那里有志向有力量，而且在外部亦有使之可能获得这种志向与力量的条件——根据久远的经验不知不觉已了然于我们心中了。而这种祭祀的形式甚

至及于和每家的年中祭礼活动有别的村落氏族神社，它构成了我国固有信仰的显著特色。（《先祖的故事》）

正如柳田国男在著作中所记，《先祖的故事》写于日本战败的昭和 20 年（1945）的"连日警报鸣响之下"。而有关"固有信仰"的叙述几乎是面向"民族之魂"乃至"祖灵"的祷告文一般，这也许是上述时代环境所使然。然而，即使时代环境给他带来了求索其主题的迫切感，强化了他的叙述语调，但这也并非柳田提出的什么新的叙述。"固有信仰"乃是"一国民俗学"的题中应有之义。

　　于再寻常不过的住民心里，有着与他们的生养之家结合在一起的某种力量，有推动他们前行的某种东西，这正是我们所要寻求的知识，也是这个学问所需要的东西。（《食物与心脏》）

　　民俗学所必须承担的工作是多种多样的，但是与所有部门相关涉的、最为重要根本的动力，我们至今却没有怎么注意到。限于无知，在所有现象中对一部分不可思议的东西之遗留感到不知如何是好，而且它们都是每个民族相互不同、无可知晓的东西，这便是祖先诞生以来的信仰。（《神道与民俗学》）

柳田民俗学最终要谋求的知识及其相关问题的话语，同时也是叙述"固有信仰"的话语。即"与生养他们之家结合在一起的力量"和"最为重要根本的动力"，也便是祭祀祖灵的先祖诞生以来的信仰。顺便一提，上面引用的文章中，前者作于昭和7年（1932），与我在本文最初引用的文章——宣称毫不犹豫地使用"一国民俗学"这一称呼的那篇文章作于同一时期。后者是于昭和16年（1941）所做的讲演。

但是，我们不能一面说柳田民俗学的终极指向在于阐明"固有信仰"，一面又说他的研究是以"固有信仰"为基础的民俗学研究。这些对柳田学说的看法，都没有注意到"一国民俗学"本身即是对"固有信仰"的叙述。

《先祖的故事》乃柳田国男处于国家危急之际倾注了全部民俗学成就而撰写的著作。然而，当接触到他通过大量民俗信仰上的事情和名称而固执地解读出"固有信仰"形迹的结论时，人们会感到，在此表现出来的是遵从已然存在于内心的、寄希望于那镂刻在巨大岩石上的精彩的祖先塑像的心境。

依据各地传承的正月祭祀仪式和盂兰盆节迎送祖先的习俗祭礼，柳田国男试图证实"正月和盂兰盆这两个节日，与今日相比，其祭祀形式在往昔更为相近"。不仅如此，他还欲从土地神祭礼、山神祭礼中发现祖先祭祀的原型。然而，促使他这样做的是早已了然于心的坚定信念：

> 我在这本书中着重说明的一点便是日本人的死后观念，即死后灵魂永远停留在这块国土上，而不会游向远方，大概从创世开始直至今日，这种信仰相当深厚而且持久。（《先祖的故事》）

"固有信仰"是排除了作为旅行者的外部视线，只以"内部的视线"来解读民俗祭礼与信仰的叙事。然而，这"内部的视线"在逻辑上是矛盾的。这绝不是作为不同者去面对事物、关注事物的视线，而是对事物不做深究只以亲密者的身份收敛于内部的视线。也因此，"内部的人"这一特权性的叙述只是对某种心绪——轻者为一己的趣向，重者为一己的祈祷——的赘述而已。

在昭和 7 年（1932）郑重宣布其确立，而在日本近代国家的必然归结——战争和战败当中，将奉献给"国民之团结"的祈祷留在"固有信仰"的叙事之中，这"一国民俗学"也便宣告了其生命的完结。[14]

第二章
近代知识与中国观
——"支那学"的确立

此等事业（支那古典学）在今日，比之支那的学者，日本学人着手来做更有其自由方便之处，因此，我等同人愿朝着这个方向迈进。

——内藤湖南《关于支那古典学研究法》[1]

我们必须对产生了《论语》的支那和吸鸦片的支那作为一个整体给出说明；必须阐明贯穿于两者之间的是什么。我们不能只看到支那优美的部分，还要看到其丑陋之处。唯其如此，才能建立起健全兴盛的支那学来。

——吉川幸次郎《支那学问题》[2]

一 内藤湖南与《支那论》

内藤湖南（1866—1934）于大正3年（1914）出版的《支那论》的"自叙"中，阐述了在我们今天看来非常奇特而惊人的中国论立场。其中他预先强调了两点，一是对"建设性的设施方面考虑十分不足"，进而第二点：

我在此书中代替支那人为支那着想做了思考，从外国如我们日本方面观之，这第二点便是，关于支那形势，从感到利害攸关的国家立场出发的议论十分匮乏。[3]

洞察别国的历史，提出解救那个国家所面临的现实危机的策略，内藤湖南强调的正是替该国家的人民提出有关其国家经纶的重大论述。人们可以轻而易举地在此发现类似于殖民地经营的"本国"知识分子认识观察殖民地那样的视野。的确，这里有经营他国所建立起来的超越性的话语视野。但是，指出这一点以强调内藤湖南的中国认识和中国研究的政治性，却不是我在此要讨论的问题。或者从他的中国历史研究状态中寻找其《支那论》的由来，这也不是我要处理的课题。毋宁说，我要思考的是，以内藤湖南为重要指导者的、耸立于近代日本人文科学世界的京都学派其"支那学"的确立，与他所谓"代替支那人为支那着想"这样一种面对中国的超越性视野的确立，有着怎样的相互关联性。

在此，我将对"支那学"这种表记不做改动，不改成如"シナ学""中国学"等。对作为象征性符号的意义深厚的汉字表记的改动，会轻易地涂改掉其时代的历史性、思想性文本中所具有的意义。我们有必要思考一下，随便地将"支那人的心性""支那国民性"改为"中国人的心性""中国国民性"后，会怎样将对自己的立场之检讨忘却掉。甚至可以说，表记方式的改动中隐藏着近代日本有关中国的学术、知识的事件性。所谓"支那学"，我指的是与内藤湖南的视野相伴而生的中国研究。这既非"シナ学"也不是"中国学"。

《支那论》出版的大正3年（1914），内藤湖南已是京都大学的教授，担任东洋史学第一讲座。到翌年，他一直讲授"支那史学史"。当时，东亚的政治形势处于激烈的变局中。我们只看看年表上的事实就可以知道其变动的激烈程度。韩国被日本吞并是在1910年。翌年1911年，中国发生了辛亥革命。1912年中华民国成立。但袁世凯的独裁野心使革命后的政治体制解体，他又走上了专制之路。1913年11月国民党被解散，次年废除了国会。1914年第一次世界大战爆发。日本将"二十一条"强加给中国，是在1915年。《支那论》"自叙"末尾所记"大正三年三月十一日"，就处在围绕中国的激烈变动过程中。正如内藤湖南《支那论》开头一句所说："支那的时局如走马灯一般急剧变化。"

《支那论》是以出版的前一年由内藤湖南口述的笔录《支那论》为基本内容，附以《清国的立宪政治》《革命之将来》等数篇论文而成书刊行的。据《内藤湖南全集》"编者后记"的作者内藤乾吉所言，"该书在作者的著作中大概是读者最多的一册"。而内藤湖南在《支那论》刊行10年之后，即大正13年（1924）9月又出版了《新支那论》。昭和13年（1938）这两部著作合为一本，又收录了"近代支那的文化生活"一章，仍名为《支那论》，由创元社出版。出书的前一年，伴随卢沟桥事变，日中之间已爆发全面战争。创元社版《支那论》正是作为适合时宜的时局论受到了众多读者的欢迎。首版发行后10天之中，就重印到10版。我手中所有的一册乃昭和14年（1939）9月版，已是第12版了。这十分生动地显示了该书受到时代欢迎的盛况。

但是，我在此列出政治事件的年表，并不是为了昭示这部《支那论》过于显眼的政治性意义。我是要确认这部著作一方面在急剧变动的中国政治过程中深深印下了时局论的烙印，另一方面又代表了内藤湖南"支那学"的形成。或者说，是为了不要忘记在近代日本学术话语"支那学"的塑造过程中，围绕中国政治性变动而打上了时局论即近代日本政治性话语的烙印。内藤湖南的《支那论》象征性地显示了"支那学"乃是在注视着濒临危机的中国的同时，形成于近代日本的学术性话语。

二　《支那论》的视角

　　北清事变（义和团事件——译者）之际，天津一时出现了都统衙门，实行列国的联合统治。我以为第二次更大的都统政治出现的时机已为时不远。……然而一种都统政治随时都可以实行的。又，此都统政治，只要放弃国民独立的体面，对支那的人民来说，实在是最为幸福的境界了。（"自叙"）

倘若人们初次于此见到内藤湖南的这段话，或许会怀疑这莫非是反语讽刺？的确，所谓"只要放弃国民独立的体面"云云，如果不做反语讽刺理解，实在是难以入眼的语句。然而，《支那论》并非以反语讽刺的方式表现自己中国立场的著作，而是以妄自尊大且傲慢的"旁观者清"的角度，于棋盘上向黑白相争的对手指手画脚的著述。不用说，棋盘上黑白相争的一方是日本帝国主义。内藤湖南正是以自己对中国古来的盛衰史之认识的全部积累及对"支那国民性"的洞察，而试图向棋盘上黑白相争的对手给予指教的。这种指教细分为"君主制抑或共和制""领土问题""内政问题一，地方制度""内政问题二，财政""内政问题三，政治上之德义及国是"等。如果我们理解了《支那论》指教对手的性质，那么，自然会想到这里一定有"领土问题"一章的，也会想到有下面这样的段落。

> 如果从政治实力上考虑，支那的领土问题于今是应该缩小的，而不应当为所谓五族共和的空想议论所支配，鉴于其实力，即使一时失去其领土，也应图谋内部的统一。

那么，针对棋盘上黑白相争的对手其指教是否有效呢？或者说对于棋路的观察是否正确？我对此类问题是不感兴趣的。而且对下面这些问题的检讨，于关注内藤湖南支那论视角的我们来说亦是无所谓的：如支撑内藤湖南这些指教的历史观——所谓对中国"近世"这一时代划分的独特历史观、社会观，或者他强调的"中国文化中心移动说"等文化史观是否正确等。日本的中国问题研究者常常通过他的历史观、文化史观，来纠正他的《支那论》或者找到其非难的根据，这不如说是一种本末颠倒之论。其实，内藤湖南支那论的政治性，难道不是早就超越了这些兜圈子似的纠正和非难的程序，而表现在话语叙述上了吗？需要质疑的是《支那论》的视角，以及与此相关的"支那学"状况。

然而，不管是否得当，他根据自己对中国问题的积累所提示的"解决支那诸问题的钥匙"，是用怎样的词语来表述的呢？作为指教，他是用什么样的词语塑造了所提示的中国像呢？文章很长，我想先请读者看看下面一段。

> 像支那这样的国家，从数千年前开始，其国土、人民之广大的自然推动力已然超出了历代有名的统治者能力所及，这样的国家在今日，顺其自然衰微的惰性力量，有几

个人能做超出政策立案以上的事情呢？那么，统治今日支那的最善的政策，我想只能观其国情的惰性力量和国土人民自然的推动力量如何倾斜，是否在走向西藏那样的衰退之路，然后拿出统治方针来，舍此别无办法。此种惰性力量、自然推动的力量潜移默化，即使在当今惊人的急剧变化之际，其表面激烈混杂的河水流淌的根底里，必定是朝着一定的方向缓慢、凝重而强固地冲击下去的。洞察其潜流，也便是解决当下支那诸问题的关键。

这里提示的只是一个几乎停滞不前的迟钝、凝重的动向，这即是所谓"惰性力量"或者"自然推动的力量"推动下的中国像。就是说，对沉重的中国之把握正是解决中国诸问题的施政前提。而这显示了凝重惰性力量的中国社会，是被作为乡党、宗族社会来记述的。乡党、宗族关系支配下的中国社会与国家无缘，处于可谓本身惰性的凝重流动的走向之中。它与近代民族国家的动向背道而驰，使施政手段没有用武之地。

> 父老们对于独立心、爱国心等并不是那么重视的。如果乡里安定，宗族繁荣，可以愉快地度过每一日，无论是在何国人的统治之下，都会顺从的。……在支那，有生命力、有体统的团体无非乡党宗族而已。其最高团体代表者便是父老。

大正3年（1914）版的《支那论》所呈现的内藤湖南的中国认识，就是在10年后日中之间危机程度越发高涨的大正13年

（1924）所著的《新支那论》中，也没有什么改变。该书进一步露骨地显示了作为帝国主义话语的形态，他这样说道：

> 只要不为政客轰轰烈烈的议论所困扰，当可以看清，支那最终无论是共同管理还是用其他什么统治方式，若不推倒乡绅团体自治，则不会打破支那整个的安全。[4]

国家统治机构即使由诸外国共同管理，以乡绅团体构成的中国社会其实质依然会安然自若。这里，存在着这样一个中国社会的实体——总是使国家改革运动归于徒劳的凝重不变的中国。因此，民众性改革运动等不可能在中国兴起，即使有以此种形式出现的运动发生，"我们也不妨认为那是虚假的煽动所掀起的"。

内藤湖南的话语所描绘出来的，是那停滞的老大中国的形象。这个中国像乃是他将自己的立场与日本帝国主义之中国经营的立场等同观之而创造出来的，这里的日本帝国主义又是较早建立起近代国家，实现了步入欧美列强行列的日本帝国主义。停滞的老大中国像并非贯穿古今而一成不变的。这个形象乃是从较早实现了近代国家的建构者的立场出发，强加于不事近代性改革之中国的映像。可以说，这又是属于黑格尔历史哲学中所谓的处于历史幼年期的，即奠基于家长统治的家族关系之上的国家，而内藤湖南的中国像也便是对如此观察中国的黑格尔的"停滞的帝国"中国像的再生产。不过，我在此并不是要追究内藤湖南的中国认识怎样以黑格尔为前提。正如黑格尔式"停滞的帝国"中国像永远是在发自近代欧洲的中国认识上不断再生产、不断反复的东西一样，近代日本的中国认识也是不断再生产的产物，这一点值得我们注意。作为"持久不变

之帝国"的中国像在内藤湖南的《支那论》里以最明显的形式得到
了再生产，而其他一些近代日本的中国认识也是一样，不断以某种
形式复制着这个形象。每当中国与近代性的改革发生龃龉的时候，
伴随着叹息，这个中国像，即与变革无缘、于深层有着自足发展能
力的中国像，便会出现在人们的口中。我们在最近不是也遇到过这
样的现象吗？

这个中国像，是自我本身与自在状态没有关系，或者即使有关
系亦常遭顿挫，而于凝重昏暗的惰性之中维持着自为存在的中国
像。试图与自我本身发生关系，由此实现自身革新的尝试，在内藤
湖南等的惰性论中，总是被那个深层的中国所不断地挫败。强调中
国自身革新的知识分子话语，却被内藤湖南视为虚假的"煽动"。[5]
就这样，中国社会被他们从深层予以认识和理解，并作为"停滞的
帝国"的形象被塑造出来了。他们预测，来自中国内部的自我革新
尝试必定以徒劳告终，从而，来自外部的作为处方的施政则被与帝
国主义同步的内藤湖南等所强调。就是说，中国成了需从外部施以
处方加以改革的对象。

如上所述，《新支那论》出版于《支那论》问世的 10 年之后。
正像开头所云"去年支那的排日问题越发激烈"那样，《新支那论》
乃是鉴于紧张程度日益加剧的日中之间的政治状况的、时局论色彩
更为鲜明的著作。与"替支那人为支那着想"的《支那论》不同，
《新支那论》以"日本与支那的关系"为主线展开论述。因此，后
者比前者更露骨地显示了内藤湖南是站在日本的立场来观察中国
的。我们看他下面的语句就会十分清楚这种立场的露骨程度，"我
们必须认识到，在此之际日本经济上的运动等，对延续支那民族将
来的生命，实在有着莫大的效果。如果阻止这种经济运动，那么，

支那民族会自我衰亡的"。毋宁说，在此，我们有必要清楚地看到，个人立场与帝国主义的立场同步的内藤湖南，是在如何低级野蛮的描写中来把握现代中国的。那种将中国视为需要从外部施以处方的国家的视角，本来就要求对对象施行彻底的贬抑。我们有必要清楚地认识到，这种低级野蛮的政治性话语是与学术性的"支那学"一起，发自那些具有同样的观察中国视角的人口中的。

日本的国情，……比如小笠原岛屿若为外国人所占领，毫无疑问会引起日本全体国民激动的。然而支那的事情与此不同，它宛如蚯蚓似的低级动物一样，身体的一部分切断了，其他部分也不会感觉到的，它会继续生存下去。中国就是这样一个国家。

三 "支那学"的确立

周朝末年学术探究自由，而百家争鸣，诸学并进，人无高下，学无轻重，呜呼此真可谓盛况也。汉唐训诂，宋明理气，各靡其世而执其学柄。至前清而考据，待民国而西学，学术亦兴隆转移乎？应神以来，常导引我等者汉学也，突如其来颠覆汉学者乃西学，学问亦有沉浮哉。人不顾支那学，莫过于当世。岂可亦彼为彼，亦我为我，高举晦藏，以洁净己乎。传道者必自进发而绝叫于天下，同志得其招唤，蒙昧者启其蒙，故王国非纸上所建耳。此本杂志存命之所在，不必多费笔墨也。[6]

　　以上是创刊于大正 9 年（1920）9 月 1 日的杂志《支那学》的"发刊词"。在这种高调的文章中，洋溢着对因中国传统学术衰退而发生的新兴"支那学"的强烈自负。近代日本西学盛行，颠覆了传统的汉学，如今人们根本不理会"支那学"。"人不顾支那学，莫过于当世"一语，实在是表达了这一时期日本的中国研究者所抱有的危机意识。这种危机意识针对的大概是支配着近代日本学术界的西欧近代人文科学。与这种近代日本"西学"盛行恰成反照的，是人们对中国的蔑视所带来的轻视中国研究的倾向，面对此种状况他们也抱有危机意识。新"支那学"便是伴随着这一危机意识而诞生的。杂志《支那学》以青木正儿、小岛佑马、本田成之三人为发起人，如上所述于大正 9 年（1920）9 月出刊第 1 卷第 1 号。不久，该杂志便具有了京都大学支那学会机关刊物的性质，直到战后的昭和 22 年（1947）8 月第 21 卷第 5 号才宣布停刊。观杂志初期的内容，以内藤虎次郎（湖南）、狩野直喜等京都大学支那学的指导者为主体，除了上述三人，还有石滨纯太郎、铃木虎雄、汤浅廉孙、武内义雄、神田喜一郎等人的名字出现于各期目录中。在此，我们可以找到构筑起近代日本代表性学术话语"支那学"的那些人的名字。

　　内藤湖南则在《支那学》第 1 卷第 3、4 号，发表了他所敬重的清代史学家章学诚的《章实斋先生年谱》。进而，于同卷第 7 号撰有《尚书编次考》。意外的是，内藤湖南的专题文章实在不多，而《尚书编次考》便是其中之一。这篇文章后改名为《尚书稽疑》，与《尔雅新研究》《易疑》《章实斋先生年谱》等一起收入他的论文集《研几小录》（1928，又名《支那学丛考》）。被誉为内藤湖南史学上之代表作的《支那上古史》（1944）、《支那史学史》（1949）

等，则都是他在大学讲过多次的讲义，是由听讲者记录经本人订正而打算出版的，但在内藤湖南生前这些著作未得刊行，是他死后经小岛佑马等对笔记进行整理校订后出版的。另外，《支那史学史》《支那上古史》等讲义，曾在大学讲过多次，据说每次讲都有内容上的更新。附带说明，《支那上古史》最初讲于大正4年（1915）。《年谱》记有"于古代史终于有了成案而讲《支那上古史》"。[7]有关《尚书》成立的考察，当然是《支那上古史》中重要的主题之一，因此几乎与对《尚书》文本的方法论分析视角的确立同时，他也得到了"支那上古史"的成案。大正初年，正是内藤湖南中国古代史方法论视角得以确立的时期。换句话说，我们可以认为，他得到了对于古代史的成案，也即意味着对以经书为中心的古代文献之方法论上的分析视角的成立。或者说，发现了这种分析视角之于古代史的意义。《尚书编次考》或《尚书稽疑》如书名所示，乃是关于《尚书》的编成，即构成其各篇过程的考察。然而，除了围绕"今文尚书""古文尚书"乃至"伪古文尚书"作为经学历史本身的议论有所积累之外，内藤湖南还能提出什么新的东西来呢？我们回顾一下晚近的历史，不是已经有康有为根据今文经学所著的《新学伪经考》（1891）、《孔子改制考》（1897）而展开了其维新理论吗？与康有为等的言论画出界线，试图对经书做别样的论述，那是出于什么立场呢？

所谓先秦古书，在当时并不是今日所见的成书的样子。内藤湖南认为其"或生篡改，或有脱落"，今日所存的形式与当初的相当不同，这已是"共认的事实"。那么，他长时间以来试图怎样分辨此种背景下《尚书》的成书过程呢？另一方面，我在这里叙述《尚书编次考》中内藤湖南的问题意识时，已经注意到他对《尚书》有着自己特别的方法论视角。这里,《尚书》作为"经书"的价值、作为神圣的文本之价值,被打上了引号,他试图将此作为一般的"先秦古书"来看待,其价值不如说是在古文献的历史性方面。而且这古文献的历史性价值,与仔细考察其文献的构成、编成过程,换言之,与仔细考察其文本历史性的方法论观念相互关联着。

　　要使观察古书的方法不至于错误,这是非常艰巨的工作。以往的考证学家多根据古书中所含有的史实,然而,这史实常常是变化的,因此,往往不得要领。《左传》《国语》等书中含有很多史实,与其他先秦古书中的史实相比较,《左传》《国语》的史实或详密或简略,有时其意义全然不同,这毕竟是以当时的思想为根本的,由于其思想的发展,事实被歪曲了,于是渐渐地事实发生了变化。故而,实际上批评先秦古书的方法,与其去追溯古书中的事实,不如去寻找引起事实变化的根本思想的变化,除此之外别无他法。

　　内藤湖南在《尚书编次考》中,如此这般地谈到古书文献的批评方法。他认为,古书文本的历史性价值,并不是由文本中所有的史实关系来决定的。史实本身在各个时代的上下文中是不断地被改变、被叙述的。因此,表现文本中所有之事实的各时代思想的上下文,才是问题的所在。文本的历史性并不在于从文本中怎样找出史实来,而在于文本与其中所叙述的史实和某种时代的思想性语境之间的关联。作为历史性文献的古书,与史实之间单纯的直接性关系被遮断了。结果,文本存在于和文本构成者之间的关联之中。在此，作为批判性解读对象的文本得以成立。该文本作为"史典"并不存在于和历史上的事实之直接关系中，作为"经典"亦不存在于和历史上的人物如先王的事迹之直接关系中。切断这些与事实、事迹的直接关系，古文献才作为批判性解读的对象而得以成立。

将中国古代文献作为"史典""经典"的价值打上引号，使之成为批判性解读对象的文本，可以说近代"支那学"由此得以确立。近代"支那学"就是把中国看作可以从外部视角来加以批判性解读的文本，才得以确立起来的。不过，我们不必急于下结论，先来看看内藤湖南在《尚书编次考》中所给出的结论。

> 可以想象，《尚书》最初是以有关周公的记录为其中心的。话虽如此，今日之五诰在被儒家传承的过程中有以各时代的语词替代了其古语的迹象，例如，《史记》以训诂之词替代文本，即使抛开古文今文之争，这也是可以想象的。……随着儒家思想的发展，逐渐招来了文本的变化，最初有以鲁为王之说，也有以孔子为素王之说，原因在于和其他诸子竞争时有将道统追溯到上古的必要，而把"典谟"诸篇追加了上去；儒家被用于六国而曲学成为必要，"甫刑"以下诸篇按顺序被加了上去。

从成书过程来考察，《尚书》被看作由三个大的部分构成。首先，围绕周公的记录居于《尚书》的中心部分。从孔子的"吾其为东周乎"的理想来看，据说这是最接近于孔子的记录。此乃《尚书》成立史上记录的核心，意味着被人们看作接近于《尚书》的原型吧。但是，以"五诰"为中心的文本原文已经伴随着儒家思想的发展而有了变化，这是已被承认的事实。进而，《尚书》开头的"尧典""舜典""皋陶谟"诸篇，内藤湖南推测，由于"和其他诸家的竞争，儒家逐渐被置于远古时代的标准之下"，是后来追加上去的。另外，他还认为"皋陶谟"包含了在法家、名家兴起之后的"典谟"中最新的要素。而"儒家被用于六国而曲学成为必要"，以至于使"甫刑"以下诸篇按顺序被加了上去。

内藤湖南从《尚书》文献批判的角度得出的结论是否妥当，暂且不论，其中有着推导出这一结论的自觉化的方法，则是明白无误的。这方法如上面引文中所明确阐释的那样，是在长期的时代思想的上下文中把握构成本文的诸要素（包括文体、所使用的文字等），并去辨别构成文本的不同时代的相位。特别是，某一文本在说到最古的帝王事迹时，文献批判者则要发现其文本的新的构成结构。如果用上面结论中的话语来说，就是认为"在和其他诸子竞争时有将道统追溯到上古的必要，而把'典谟'诸篇追加了上去"。从内藤湖南的这一表述可以清晰地看到，他的文献批判的方法论视角在很大程度上是倚重于富永仲基（1715—1746）的古文献批判视角的——18世纪前期的学者富永仲基的思想，在近代支那学创立的时期被忆起、被重新发现和评价，作为文献批判的新方法引入了近代知识中来。

四　富永仲基与内藤湖南

被视为内藤湖南中国古代文献学方法最真诚的后继者的武内义雄，在谈到与富永仲基的相遇时有下面一段回忆。大正11年（1922）前后，他感觉到那时为止所主要依据的清朝考据学研究方法，再难有发展的余地。正是在那个时候，他听了内藤湖南的"大阪町人学者富永仲基"的讲演，以此为契机开始接触到仲基的著作，遂感到了"新的光明"。武内义雄这个回忆出现在昭和 14 年（1939）题为"关于富永仲基"的讲演中。

> 听了讲演后，我从大阪图书馆借到富永仲基的书。时至那时我学过汉学，认为清朝考证学便是金科玉律了。可是，那时多少感到了考证学的危机，觉得那样做精细的考据是难以开掘出更大的学术路子的。那么，若将仲基的研究法和考证学折中起来，我觉得可以给至今为止难以发展的研究投入新的曙光。[8]

内藤湖南早就知道了给武内义雄的研究以重要启示的近世伟才富永仲基。他们的相遇大概始于在给主编佛教杂志《明教新志》的大内青峦的佛教研究以指针的书中。那是明治 22 年（1889）左右，内藤湖南二十四五岁的时候。[9]接触到富永仲基及其著作《出定后语》后，他马上认识到此人乃"瑰奇之才"。不过，他的关注还在于佛教研究上那种锐利的分析方法。而认识到历史研究上富永仲基的重要启示，当是他本身于学术领域中面对中国古代史的时候。

给武内义雄以巨大启示的内藤湖南的怀仁堂讲演，大概是在大正 10 年（1921）。其后，在发现富永仲基的佚文《翁之文》时（1924），内藤湖南又于大正 14 年（1925）做了题为"大阪町人学者富永仲基"的讲演，此文后收入《先哲的学问》一书中。内藤湖南称此人是自己所"崇拜的人物中的一个"，并盛赞其为"天才"。他说"此人确实生于大阪的町人之家，称其为日本第一流的天才也不为过"。实际上，"天才仲基"的形象，早在发现的当初就已经强烈地矗立在内藤湖南心中了。在早期散文中，他带着发现者的自负，如此称赞其伟才：

> 特立之见、瑰奇之才有之，前人未见者见之，前人未道破者道破之，成于文字而公诸于世者，……倾注心血所著之书也，其所问为人之罕有问者，而其名则久不传于世间，五百年不得知己，以致湮没无闻也。此乃因其不自爱乎？吾独为其哀而不能不泣矣。[10]

这是明治 26 年（1893）发表于《日本人》杂志上的题为"富永仲基"的文章，收入内藤湖南的杂文集《涕珠唾珠》（东华堂，1987）中。文中在自夸发现者的洞见的同时，更称扬了被发现者的才高学富。然而，富永仲基何以是天才呢？

> 日本人一到建立逻辑性的研究体系之际，便显得粗杂混乱。学者中有相当一些人具有非常新颖的思考，着力于新事物的研究。但是，自己来确立逻辑性研究法的基础时，日本人却很少能建立起正确的基础，并在此基础上确立起研究的方式。仁斋、徂徕都是相当了不起的人物，然日本人研究学问能于逻辑基础上建立起研究的方法者，只有富永仲基一人，这样说也不为过。在这一点上，我是非常佩服他的。[11]

正因为确立起了独创的逻辑性研究方法，故足称伟才。这段话清晰地表明，富永仲基的才能是使自己与近代知识相遇，进而将其组合到自己的知识结构当中来。

据说富永仲基的伟才是在《出定后语》中被发现的，那么"于庞大的佛教经卷中找到其历史关系的特殊方法"是什么呢？这里需要澄清，富永仲基著作中"于庞大的佛教经卷中找到其历史关系的特殊方法"，是内藤湖南发现的。这方法的关键就在于"加上原则"。根据内藤湖南的理解，其原则是："原本只有一个，而后来者在这之上思考。再后来者更进而于其上进行思考。渐渐地以前的说法变得无聊起来。为证明自己的说法正确，后来的学说便不断上溯到原初。这样，已经变得无聊的最初的说法存在于源头上，而后来渐渐有了了不起的学说发展起来。"这个以过分说明性的文字所表述的"加上原则"，被解释为"从思想上发现历史前后关系的方法"。其次，内藤湖南关注的是"异部的名字未必相和"。即"根本上是一个事情，然而各种学派出现之后，于各自的传承过程中，同一个事情却遇到了传法不同的传承，而将此还原到初始则十分困难"。他强调，对"神话传说时代的事情，还是承认其不易下确定性判断为好"，由此将话题引申到因不同传承所导致的确定性历史认识的问题上来。进而，内藤湖南还提到富永仲基的"三物五类立言纲纪之逻辑"。

> 大凡言者有类、有世、有人，此即所谓言者有三物之义也。持此三物解释一切语言，乃吾教学之法也。苟能以此求其言，则天下之道法、一切之语言便不能不错然而分离之。故曰：三物五类乃立言之纲纪也。[12]

这是富永仲基在《出定后语》中对"三物五类"的解释。"则天下之道法、一切之语言便不能不错然而分离之",就是说,天下的道法、学说不能不生出多样的分歧,此即"三物五类"说。言语为"世""人"所规定,进而遵循着促成了言语表现多样化的"五类"原理而产生分歧。富永仲基观察到佛教经典多样变化的形态,于此将言语学说多样分歧的形成条件作为"三物五类"提示出来。内藤湖南在说明富永仲基上述"五类"原则后,结论是:"这样,言语的意义便成了不断转化的东西。所以我说,若不知道这个'五类'原则便不能研究佛教。"石滨纯太郎也在内藤湖南的启发下论及富永仲基,他指出"三物五类"乃是"谦斋先生(仲基)原典批判的方法论"。[13]

本来,富永仲基观察历史上各学说的视角,是在批判标榜"先王之道"而依赖记录先王事迹的原文本《六经》的获生徂徕时提出的,是作为"反徂徕"的话语而形成于 18 世纪的话语世界中的。然而,内藤湖南等人并没有看到这一点。[14] 相反,富永仲基的学说却由摸索中国古代史研究方法的日本近代支那学学者们,作为"发现历史前后关系的方法"或者"原典批判的方法论"而挖掘出来,从而建立起他们基于文献批判的支那学研究方法。富永仲基作为佛教研究上的"伟才"早为内藤湖南所发现,现在又被以文本分析为目标重构支那上古史的内藤湖南等人再发现,并誉为历史研究上的先驱性天才发明者。这种再发现,宣告了对抗近代日本"西学"盛行局面的"支那学"的确立,而内藤湖南等人对"天才仲基"不寻常的称赞,可以说包含着他们针对西欧中国学(sinology)而欲建立日本支那学的志气。[15]

然而,如此这般被发现的富永仲基,在内藤湖南等人那里却被呈现为一个颠倒的文本观念。即他们依照富永仲基的方法，通过对多样变化的文本加以批判，试图寻找传承着思想原始形态的确定性"原文本"，即通过排除虚伪的转义文本来谋求真正的原意，再通过洞察被加上去的传说而分解出近于史实的确定性"原文本"。可是对富永仲基而言，所谓"原文本"的主张只是获生徂徕一己的"家言"而已。

五 "非确定性文本"与"确定性文本"

听了内藤湖南的讲演而深受感动的武内义雄，从富永仲基那里得到了文本研究方法论上的强烈暗示，不久便开始写作论文《〈老子〉原始》。收有该文的同名著作则于大正 15 年（1926）由弘文堂出版。该书序中有"取出藏于箱底的《老子原始》一篇冠于卷首"一句，可知《老子原始》的写作，大概在大正 15 年之前、听了内藤湖南讲演之后的时期。那么，武内义雄的这篇论文是怎样看待《老子》的呢？

> 熟读《老子》五千言，文中异辞同义之语重复出现者实在甚多，其文亦非一律。或似辞赋者有之，或类之于箴铭或存有韵之文无韵之章，所说者矛盾之处不少。盖岂一人一时之作乎？想来恐系后来道学者流分为数派，荟萃各派所传老聃之言而成其书。[16]

这里，武内义雄所面对的是被称为"老子五千言"的"非确定性文本"。传道家鼻祖老子之言、在其历史发展过程中分量不断增加的经文"老子五千言",如今在武内义雄的分析目光之下成了应当辨析的文本。他首先发现的是文章修辞上的不统一,有多样的思想混在一起。简言之,即经文"老子五千言"的非确定性和不可靠性。在他眼前这是"非确定性文本"。文本研究这一新的支那学方法,便是与这个非确定性的古代文本的发现一起诞生的。然而,有人或许会问,根据此种文献批判的方法所新兴的学问,其与经学传统中的文献操作方法又有什么不同呢?这决定性的不同,就在于后者对作为文献操作对象的文本之经典性表示出怀疑。如果说这里存在着围绕"确定性文本"所反复展开的论争,那么,这就是围绕经典之正统性的论争。所谓经学本来是关于"国家制度上的文本·经书"之学,因此,这种文本之争也便成了从制度上讨论正统性的论争。

总之,如今武内义雄眼前所见乃是作为"老子经文"的文本之非确定性、不可靠性。所谓"老子五千言"并非以往所确信不疑的那样,是出于老子一人之手的著作。这一认识便成为武内义雄新支那学的前提。就是说,与被神话了的老聃一同,《老子(道德经)》也被当成了神话式的虚构。将此视为虚构的理性视角,将其实证推理的过程作为学问加以披露,便是新的古代文献学,即古代支那学。虚构性实证推理之末,古代文献学者在作为虚构的话语残骸的深层所要发现的,就是"确定性文本"。在"非确定性文本"面前古代文献学被建立起来,而依靠古代文献学才获得了"确定性文本"。

武内义雄首先从修辞学的视角强调"老子五千言"的虚构性。他在这个文本中发现了很多同义异辞的反复出现,而文体、语法上亦有明显的不统一。这绝非出自某个时代的某一个人之手。进而,若仔细观之，就会明白这不是"纯然的道家之言"，这里"既有与法家之言类似的，亦有与兵家之言相像的，甚至有让人感到仿佛神仙家之言"的地方，《老子》这个文本乃假托老聃而讲述的多种虚构话语的集大成者。因此，武内义雄强调说，"老子五千言"文本成了各种材料的"荟萃"。

现举一例来看武内义雄的文本分析。《韩非子》中有"解老""喻老"二篇。"解老"是解释老子之言的，"喻老"则是引证古代传闻逸事来说明老子的。这两篇乃是现存最古的老子传说，被视为远古的老子传说的残留。观其中引用的老子之言，与两篇的作者所依据的"老子经文"与"今本老子"并无多大差异。由此来看，可以推测，先有了韩非学派后学所传的"老子经文"，又有了韩非后学"改其章次，校其文字"的"今本老子"。而且，有关韩非后学的推测也对"'今本老子'中存有法家之言"做出了说明。当然，武内义雄实际进行的文本分析要比这个精细得多。不过，我们依据上述介绍，若能了解他如何辨别构成"老子五千言"的诸家之说，如何分辨"老子文本"，其分辨程序又是怎样，也就够了。而从其文本批判中找到来自富永仲基的方法论暗示，是很容易的。然而，他受到富永仲基的启示所进行的"老子文本批判"缘何而来？其目标所指又是什么呢？

实际上，武内义雄已经对这一追问做出了回答，我亦已提出了答案：这一章的开头引用其投向"老子五千言"的视线时，已经给出了回答。再重申一遍，新的文本研究要求于他的就是"老子五千言"的非确定性和不可靠性。而且这种文本的非确定性中包藏着有关老子传说的可疑性。"晋、宋以来，记老子事迹者多混入神仙诡谲之辞，化胡虚传不可轻信"，武内义雄据此说明老子传说的可疑性而起笔作《老子原始》。如上所述，以此种言辞开篇的《老子原始》，其将老聃的存在和《老子（道德经）》视为神话式虚构的集合体之理性视角，是把文本的解构性考察过程作为新学来披露的。这里，文本之精细的解构性考察才是最重要的。而对其过程的详细叙述正是近代性的学术话语，即古代文献学。

那么，在对"老子五千言"做了解构性考察之后，留下来的是什么呢？这便是"纯粹老子文本"。"为了解老子本来之学说，首先当于'今本老子'中除去道家以外的学派思想，此乃自明之理也。然于删除之而回归纯粹老子之前，当先厘定其方针"，武内义雄列举从文本中剔除了附加上去的残渣后回归"纯粹"的判断基准。这个基准，便是《荀子》《庄子》中作为老子言语的特质而表述的话语。然而，且慢！这最终所求的"纯粹文本"也只能是从历史性构成物的文本中，辨识剔除被附加上去的言语而与合理性方法论意识相关的东西，难道不是这样吗？或者，强调"纯粹老子"本身也只能是近代文献批判者的"一家之言"吧，难道我们不能这么说吗？

《老子原始》出版后，武内义雄在昭和4年（1929）3月的《支那学》杂志（第5卷第1号）上又发表了《论语原始》。该文是他前一年在支那学大会上的讲演稿。据说，这篇讲演得到了时任京都大学副教授、讲授伦理学的和辻哲郎的赞赏。当时，和辻哲郎与其说是伦理学学者，不如说是掌握了文献批判方法的古代文化史学家。在他对武内义雄的评价中，我们与其去寻找后来他所著的《论语》与武内之论的关联性，不如看两者在投向古代文化上的方法论视线的共通性。大正末年至昭和初年的人文科学世界里，把文献批判作为方法来研究古代文化史，乃是学术上最新的模式。这种倾向还与后面将要讨论的津田左右吉有关。

《论语原始》发表后，武内义雄经过"十年的深思熟虑"于昭和14年（1939）刊行了《论语之研究》。一般认为，《论语原始》是该著作的底本或者初稿。不过，我在此更想通过《论语原始》来看看武内义雄最初是如何考察《论语》的。他是以这样的语句起笔写《论语原始》的：

现行本《论语》均据魏何晏之集解本，故寻《论语》之始结果也便是探索集解本之来源也。而集解本之由来，略见于卷首何晏之序。

接下来，武内义雄开始分析《论语集解》的"何晏序"。可是，这篇《论语原始》却不见于后来的《论语之研究》中。我们在这篇失踪的文章中，大概可以看到他有关《论语》的方法论关怀的最初姿态。正如题目所示，他是要寻《论语》之始。这种问题意识说明，他把眼前的《论语》视为"非确定性文本"，即假托孔子而传诸后世的话语等的集合体。将"现行本《论语》"当作"非确定性文本"，乃是以对原初的"纯粹文本"之关切为前提的。在寻求"确定性文本"加以分辨的视线下，"现行本《论语》"得到审视，《论语》已不再是神圣的文本了。而分辨"非确定性文本"过程中的严密叙述，构成了支那古代文献学这一学术话语。

武内义雄有关《何晏序》的上述文章中所昭示的另一重要事项，是关于寻求"确定性文本"的方法。他从对《论语集解》这一代表性的《论语》注释书的考察开始，寻求"确定性文本"。这表示传统的经书注释工作乃是一种经本（作为经典的文本）确认的作业。就是说，从某种立场出发解读《论语》的工作，也便是要建立

《论语》的某种文本。由此，可以这样说，从某种立场出发对《论语》的解读，以及某一解读学派的存在，意味着该学派要建立一个必须尊奉的《论语》文本。因此，武内义雄要通过检讨《论语》注释史，来阐明《论语》文本的确立过程。自不待言，这样的方法论视角，带有浓厚的富永仲基色彩，即相信"言有三物"而取多样分歧的话语展开的原则。富永仲基说"言有三物"，在武内义雄这里则可以说"文本有人"了。即，于想定的原作者这一人物之外，还一定存在着使文本得以成立并尊奉其文本的人或者学派存在。这样一来，"原《论语》"中，在作者孔子之外，还存在着使文本得以成立的人或者学派。不过，我们不急于下结论，先看看武内义雄分析"何晏序"的结果。

> 如此观之，"何晏序"之整个叙述十分明晰，最初先引刘向之言，说齐鲁古三论之异，其次折中齐鲁论而叙张侯论，再次言糅合三论而成之郑本，最后列举陈群、王肃、周生烈而阐明集解本之由来。

这里阐述的正是到现行本《论语》为止多样的文本存在及其各自之由来。最初，有所谓"齐论""鲁论""古论"三种《论语》文本。其次，形成折中、糅合三种的"张侯论"和"郑本"，进而出现何晏的"集解本"。然后是在追寻《论语》之原始"的视野下，"齐鲁古三论"作为重大的检讨课题被提上议程。围绕这"三论"形成的相互关系，是必须阐明的。根据《汉书·艺文志》等，"汉初先有齐鲁二论，至汉中时期则古论被挖掘出来"，这便是古来所谓"齐鲁古三论"的形成过程。但是，武内义雄对此表示质疑，他要阐明传承"齐鲁二论"的学者们的生年。就是说，要推定传承了"齐鲁二论"这一文本的学派所处的时代。在此，正是武内义雄"文本有人"的文献批判方法发挥了淋漓尽致的作用。结果，他发现情况正相反。

"总之，鲁论、齐论的学者都是汉武帝以后生人，于古论发掘之后才昌盛起来。我不禁怀疑，齐鲁二论或许是古论出现之后因解读方法不同而形成的学派。"武内义雄进而断定："刘向所谓齐鲁二论，乃孔壁发现古论之后由其读法不同而分为二派的，总之均出自同一文本。"

本来，人们认为"齐鲁二论"在"古论"之先，可是这里的情况却完全相反，存在着以不同的解读方法传承"古论"的两个学派，两个学派所传《论语》即"齐论"和"鲁论"。寻求《论语》原始"的武内义雄进一步追溯，提出在发掘出古论以前的《论语》又是以怎样的形态存在的问题，给他提供揭开这一疑问的钥匙的是王充《论衡》中的一篇文章。通过解读这篇文章，他推定在"古论"发掘以前有过"齐鲁二篇本"和"河间七篇本"两部"原《论语》文本"。宫崎市定曾对这种解读提出过异议。[17] 不过，我们在此并不是要将武内义雄的解读当否视为问题。我们要关注的是，把"现行本《论语》"视为"非确定性文本"而加以辨别、分析的文献批判之学不可避免地要去追求"原《论语》文本"这一事态。拥有严密精细之文献批判学的近代知识不能不为自己预设下"确定性原文本"的陷阱，并不得不向这个确定文本的方向迈进。

武内义雄做出了上述推定，留下来的问题则是确定"古论"21篇中的哪些篇章分别属于"齐鲁二篇本"和"河间七篇本"，进而考证"原《论语》"成立的年代。他认为"学而""乡党"两篇相当于"齐鲁二篇本","为政"至"泰伯"七篇则相当于"河间七篇本"。他其后精细分析《论语》诸文本的著作《论语之研究》中的结论如下：

"河间七篇本"的成立最为古远，此乃"以鲁人曾子为中心的《论语》，曾子、孟子所传孔子语录恐怕是《论语》最古的形式"。另外，"齐鲁二篇本""从内容及用语来推测，仿佛出于齐鲁儒学，即折中了子贡派和曾子派的集成，大概是孟子游齐以后所作"。[18]

将"现行本《论语》"视为"非确定性文本"的古代文献学派，就是这样来推定作为"确定性原初文本"《论语》的。然而，这个"原《论语》"乃是作为文献批判的归结和方法论的相关物而被给予的。

六　文献虚无主义

津田左右吉的《道家思想及其发展》，作为"东洋文库丛书"（岩波书店）中的一册刊行于昭和 2 年（1927）。武内义雄的《老子原始》出版于大正 15 年（1926）。两部著作几乎成于同一个时期，故武内义雄的《老子》批判大概并没有成为津田左右吉著作的前提。当然，津田的著作自然而然成为对武内的批判，则是另一个问题。津田左右吉的《论语和孔子的思想》（1946）则明显是针对武内义雄《论语之研究》（1939）而作的。虽然，这并不意味着此书以批判后者的《论语》研究为主要动机。不论津田有关《论语》的文献批判是否直接涉及武内，总之，这已对后者的文献分析具有了批判的意味。

我在此考察津田左右吉的《论语》研究，目的不仅在于通过他的著作凸显出武内义雄文献批判的特征和问题，还想通过前者批判后者的言辞来考察两者之间共通的文献批判所具有的思想性。换言之，也就是这一近代学术话语——支那古代文献学所具有的意识形态性。津田与武内一样，都认为《论语》只是一部非确定的编撰物。武内义雄的文献批判从这非确定的编撰物"现行本《论语》"的观点出发，一面上溯注释史，一面分辨注释过程中建立起来的文本群，然后试图发现"论语原始"的身影。津田左右吉的文献批判却绝不是朝着寻求"原《论语》"的方向迈进的。他只是一味揭露这《论语》作为编撰物在后世的人为操作性。这里展露出来的是近代文献批判所隐含的文献虚无主义，以及对既往历史文献的不可信赖感所产生的否定性视线。

《论语》"八佾篇"有孔子言："人而不仁，如礼何？人而不仁，如乐何？""礼"和"乐"作为应该重视的事情而于此对称列出。或者如"先进于礼乐""后进于礼乐"（"先进篇"）的"礼乐"熟语，也在《论语》中得到了使用。对此，津田左右吉强调说这是荀子所建立的礼乐说给《论语》文本留下的投影。他认为，不仅礼乐之说，还有《论语》中暗含着圣人观、王道说、正名论，乃至隐遁思想等内容的词语，都是这些思想形成之际儒家思想的反映。本来，《论语》中不仅有反映孟子、荀子思想的东西，还有很多来自对孔子之言的记录和传承。而津田左右吉对这些被认定的孔子之言的表现形式、文章形态等进行了批判性分析，由此剥夺了这些言辞伪装成孔子所发话语的实有性。这种批判乃是通过下面这些问题的分析实现的，如孔子之言的过于简约，修辞上过剩的对句表达，还有前后的不统一，等等。总之，《论语》缺乏"具体性"。

比如，学而篇的"巧言令色，鲜矣仁"，仅此一句虽说其意义明白，但若是所传孔子之言，这实际上是对谁讲的话？应该有更具体的说明才是，应该举出具体的事例来呀。还有，实际上发生的是什么样的事件？孔子讲此话的诱因又是什么呢？这样一些背景材料应该存在的呀。没有前因后果来龙去脉，就讲了这么一句话，别的什么也没说，这真是不可思议。[19]

指出《论语》中孔子之言缺乏具体性，这与要说明孔子之言作为失去真实性的书写语言之人为操作性和抽象性，是联系在一起的。津田左右吉强调，这里省去了具体性也便失去了真实性，所留存下来的不过是"言辞"而已。所谓"言辞"，便是没有具体性或缺乏对话实际性的抽象语词。他认为，《论语》是这种抽象语词之没有统一性的结集。也可以说，《论语》是某个时代（津田推定为战国时代末期）这种"言辞"的集成。这又意味着对由抽象言辞构成的《论语》，后世的人可以做出多种不同的解释。因此，他说后世的儒家便是以解释这些"言辞"为己任而存在的。

然而如此说来，强调《论语》是后世编撰物，是表明较为集中地反映了孔子之言的书（可谓"原《论语》"），无论是什么形态的，都不可能存在吗？对此，津田左右吉的回答则含糊不清："关于这个问题的确不好说，也不能就说这样的书完全不存在"云云。可是，根据其逻辑性推论，结果还是走向了否定的方面。这是来自文献虚无主义否定性逻辑的自然发展结果。基于文献怀疑的文献批判，只是一味地展开其否定性的逻辑。正如在津田左右吉眼里与古代记忆关联的《古事记》（《古事记及日本书记研究》）被取消了一样，与孔子记忆相关的《论语》也被抹消了（《论语与孔子的思想》）。

　　代表临近战国时代末期产生的儒家思想话语，不仅在《论语》哪篇中都有一定程度的渗入，甚至有的篇章中儒家思想占了大部分。由此观之，即使有这种书存在，如果是经历了相当长的岁月流传而来的，那么，它可以作为《论语》的一种材料，却难说是基于这些材料而产生了《论语》。

记录孔子之言而作为经典的《论语》乃是后世人为操作的产物，津田左右吉所下的这个结论是早已预设好了的，却故意写了这段令人难解的文字。或许，他是在有意装出自己的文章有逻辑推理支撑。接着上面的文章，他又对《论语》乃战国末期的编撰物这一事先提出的结论予以确认。

　　再者，如果《论语》是对成书前不久的思想的结集，即是对晚近时代孔子之言的记录，那么，将不会再来重新编辑《论语》的。因此，现在所存的《论语》即使有所增补，篇章有所变化，也不会是新编撰的，人们将认为这书便是《论语》的原型。总之，《论语》的成书在临近战国时代的末期，这一点不会有误。

可以说，津田左右吉的文献批判之学便是如何揭示《论语》不可信的方法论。这个学问要阐明的《论语》，只是一个失去了孔子

之言真实性的、抽象的"言辞"之编撰物而已。同时，将《论语》
视为不可信赖的文本予以暴露的这种文献批判之学，也就必然向否
定和不相信儒家中国知识分子的方面发展过去，因为，中国的儒家
知识分子把不可信任的文本作为经典来信奉，以解释充满抽象性
"言辞"的《论语》作为自己的职业。进而，津田左右吉的这些话
语又很容易与对中国民族性的不相信连接在一起。实际上，他的发
言毫无隐瞒地展示了构成其中国古典之文献批判视角的中国观。

> 支那人作为一个民族或者个人，虽说有着顽强的生活
> 能力，然而正如目前政治上所有的状态那样，在过去漫长
> 的政治精神方面或者文化的本质乃至民族性方面，有着重
> 大的欠缺，故恐怕是难以自立于现代世界的。……[20]

他在强调，正是"日本人的支那学"可以代替在反省过去文化
精神之学术方面落后的中国人，来帮助他们进行批判和反省。

内藤湖南的《支那论》曾以"代替支那人为支那着想"而将自
己的学问定位在日本帝国主义政治话语上。在这种话语之下，中国
是由外部施加解决办法的对象。[21]另一方面，正是这种从外部观照
中国的超越性视角，建立起了切断经书内在联系的文本研究之学。
《论语》即在这种超越性的视角之下被辨析，被要求去寻找一个确
定性的文本即"原《论语》"。然而如上所述，所谓"原《论语》"
不过是作为武内义雄文献批判方法之关联物而建立起来的东西罢
了，是他在文本群中进行辨析的程序下被创造出来的东西。

武内义雄不相信《论语》并试图重构文本这一近代日本学术话
语——支那古代研究文献学方法，在津田左右吉那里成了为彻底暴

露不可信赖之《论语》文本的后世人为操作性的方法。一方面把
《论语》作为"确定性文本"加以重构，另一方面视其为"非确定
性文本"加以暴露，同时与将中国视为从外部施加解决办法的对象
那样一种超越性视角结合在一起，建立起了近代日本的文献批判之
学。这是依赖内藤湖南的政治性言说而自己对文本研究之学非常谨
慎的武内义雄的"支那学"所隐含着的中国视角，亦是不断构筑起
对中国文献不信任逻辑的津田左右吉的"支那学"所暴露出来的中
国视角。

第三章
"国语"死去，"日本语"就诞生了吗？

我们所认识的国语乃是作为日本帝国核心的大和民族思想表达和理解的工具，古往今来人们一直在使用这个国语，未来也将依此向前迈进的。

——山田孝雄《何谓国语》

我将以年轻饱满的热情，与国语相抗争。——国语学啊，你当起死回生！

——龟井孝《为了日本的语言学》

一 "国语"还是"日本语"？

《日本语》月刊最近出版了特辑《"国语"还是"日本语"？》。[1]
出版以"日本语"为名字的杂志，这本身便表明其对时代潮流的敏感反应，就是说，这一特辑是以"国语"范式的退潮，和代之而起的"日本语"这一名称急速走红的潮流为前提的。该杂志通过宫岛达夫的统计数字显示了这一潮流的发展，即在以"国语国文学科"和"日本语日本文学科"命名学科的大学中，使用后者的比例在1953年为19%，到了1993年则剧增到48%。而且，据说最近10年间新开设的大学均称"日本语日本文学科"，没有一所大学使用

"国语国文科"的名称。这种事态已非近来围绕学科命名的模式变化的一般问题了。考虑到日本大学和院系设置制度上的情况，上述数字已明显地反映出政治性意识的存在。

然而，出版《"国语"还是"日本语"？》特辑的编者，以及投稿的国语学者、日本语学者和语言学家们，对于这个问题却只注意到围绕学科命名的模式变化方面。针对"国语"还是"日本语"的问题，除了有个别文学研究者发表痛恨"国语"名称所负载的意义的文章，更多的人只是探索两个概念的由来和分辨其不同，或者在分辨这种不同的基础上提倡两个概念的并用。小泉和明确主张两个概念有根本的不同，他将两者区分为"作为日本国家语的国语"和"作为日本民族语的日本语"之后，这样说：

> "国语"是应时代的要求而出现的。因此，我们不能忽视国语作为国家政策的性质，"国语法"有为国语服务的工具意识。而日本语则很少有做出这种解释的余地，它终归要坚持作为世界诸语言中之一种语言的立场。

这里，表明了语言学者对作为"世界诸语言中之一种"的"日本语"，从语言学角度加以探讨的所谓"日本语学"的支持。可是，对"国语"还是"日本语"的问题，从以上的回答来看，我们只能说这些专家学者的理解实在太天真幼稚了。对于"国语"还是"日本语"这样的问题，只是通过追述两个概念的由来，或者用统计数字来回答，这本身不就已经把过于沉重的历史带到日本的近现代史当中来了吗？"国语"和"日本语"都是在日本近现代历史过程中由政治性话语所构成的概念，对此专家学者们实在是故意回避而不做追问的。[2]

二 "日本语问题"的发生

正是在日本近现代史面临历史性、政治性的变局之际，才有了重新审视"国语"概念或追问"国语"之新的统一性的要求，乃至"日本语"这一概念的出现。从"战前"过渡到"战后"——有必要注意这个贯穿战争前后的时段——我想通过解读日本国语政策的指导者安藤正次[3]的《日本语的输出和日本语教育》一文，来观察"日本语"是在怎样的历史和政治语境中出现的。这篇论文发表在创刊于昭和16年（1941）的日本语教育振兴会机关刊物《日本语》[4]第2号（特辑"日本语的输出及其对策"）的卷首。安藤的论文将"日本语问题"与"国语国字问题"联系在一起，以下面的文字开篇：

> 查我国所谓的国语国字问题，总是起起浮浮摇摆于革新与保守两种对立的论调之间，却始终什么问题也不曾解决，至今不了了之。这种反复的运动又常常是发生于我国国运的飞跃时期，而且运动每一反复其范围便得以扩大，其实质内涵便得以提升。

安藤正次就是这样，通过对"国语国字问题"的历史回顾和现状分析来展开其"日本语"问题的。这既是近代国家统一的语言之确立的问题，又是以强有力的国民教育课题出现于近代国家的政治过程中的问题。要求民族语言的"纯化"和近代性的合理化，构成了"国语国字问题"⁵，虽然其间有赞同亦有对立。详细的情况这里可以不论，但安藤正次的文章再次将"国语"的国家、政治属性问题化，表明"日本语问题"正是在这样的历史性时刻出现的。他强调值此国运飞跃的时期，"国语国字问题"的"范围得以扩大，其实质内涵得以提升"。而如今，日本国家正迎来其近代史上不曾有过的新的历史局面。即，国家举其全力要迈向"确保东亚共荣圈"的重大时刻。伴随着这个历史局面的到来，"国语国字问题"终于又增加了"日本语输出海外的大题目"。对此，安藤正次强调"国语"目前面临的局面与以往有本质不同，说"以往的国语国字问题，无论是哪个时期，都只是国家内部的事情。然而，如今这个问题作为对外的事情被提出来了"。

在日本近代史上，早已遇到过对中国台湾以及朝鲜具有不同的民族母语的人们施行强制性的"国语"普及这一问题了。用安藤正次的话来说，这大概就是伴随国运的飞跃而来的"国语国字问题"的扩大与展开吧。在其眼下的历史中，随着日本帝国主义的版图向"东亚诸国"的扩大，这个"国语国字问题"的层次进一步得到了提高，并迅速扩大开来。日本语向"东亚诸国"的输出使其迎来了新的重大局面。或者应该说，直至眼下的历史时刻，日本国家创生出的"日本语"作为"国语国字问题"以其与以往的"国语"问题之整合性遭到质疑的形式，重新构成了"日本语"问题。提出"国语"还是"日本语"的问题而欲做回答的贤人学者们，他们要隐匿的或者有意忘却的正是当代史上"日本语"形成的这种事态。

日本近现代史上围绕"国语／日本语"问题的上述演变过程，相当于时枝诚记所划分的明治以来国语政策的四个时期中的第三个和第四个时期。⁶即"第三期是领有（中国）台湾、合并韩国后，我们国家内包含了不同语言的民族,对此必须考虑国语如何为好的时期。第四期是'满洲事变'(即'九一八事变'——译者)以后至今的时代,处于'大东亚共荣圈'建设指导地位的日本,应该考虑在包含了多个不同民族的共荣圈之内如何把作为共同语的日本语普及开来的问题"(《朝鲜的国语政策及国语教育的将来》)。根据国语政策发展的时期划分,如时枝诚记明确指出的那样,"日本语"是在上述历史、政治的语境中国语政策遇到了新的问题时出现的。"日本语"促成了"国语国字问题"的重构,或者是以重新质疑其与以往"国语"的统一性的形式出现于当代史中的。如此,"日本语问题"不可避免地会遇到与以往"国语"的整合性问题,故不能不引出与"国语问题"层次不同的新的"文化反动"和"语言革新"的话语。在近代史上,"国语"是伴随着"国语问题"产生的;同样,在当代史中,"日本语"是伴随着"日本语问题"出现的。

三 东亚共同语／日本语

面对"日本语"的出现和"日本语问题"的产生,国语政策的指导者安藤正次是怎样找到两个概念新的整合性的呢?在上面所引《日本语的输出与日本语教育》一文中,安藤正次针对这个问题的叙述极具政治性色彩,"日本语问题"就是以下面这样的政治性语词来叙述和论证的:

　　　　而今,我们的国民以肇国理想的显扬为志向,奉承八纮一宇的圣旨,正向保全东亚共荣圈的方向不断迈进。值此昭和维新之际，朝野上下产生了对国语国字问题加以检讨和反省的呼声，这实在可以视为国民自觉的划时代的表现。与此同时，关于日本语向海外输出的各种政策得到各方讨论，这当然是国威之显扬、国力之发展的必然结果，预示了作为东亚共同语之日本语的命运。此一点自然应当得到重视，总之，前者是对内的政策，后者是对外的，我们必须认识到这两者的截然不同。世上有人动辄大谈日本语输出海外，将此作为国内问题来处理，这实在是本末倒置的思考。

现代史上日本国家的发展为"国语国字问题"开辟了新的局面。面对这种局面，这位国语政策的指导者试图通过将问题分为"对外政策"和"对内政策"而保持"国语国字问题的统一性"。然而，说这是一种奇妙而图方便的处理方式也不为过。针对国语问题出现了这样一种新的事态：在以往从"国家内部"观之的视野之外，还有必要增添另一种从"国家外部"观察的视野。这才是"国语国字问题"所遇到的严重局面。安藤正次一边强调问题的重大，一边企图把相应政策分为"对内"与"对外"两种。将"国语问题"限定于"对内政策"，可使新产生的"日本语问题"不至于波及"国语问题"之疆界，而限定在"对外政策"的范围之内，则完全是一种政治性的表述。针对这种政治性的表达，时枝诚记在将国语政策做出时代划分的同时所说的话，应该说是一个国语学者从正面直视上述事态的结果。他说："到第三个时期为止这还是国内的问题，可是如今问题已经超出国家的领域，国语问题终于发展成了日本语问题。"（见时枝上引论文）

如时枝诚记所言，"国语问题终于发展成了日本语问题"，然而，这种对于时局的认识真的提示出重新观察以往"国家内部"之"国语"概念的问题了吗？如果说正是"国语乃帝室之藩屏，国民之慈母"（上田万年《为了国语》[7]）的"国语"理念，促成了"国家内部"之"国语"概念的确立，那么把因"国家外部"契机而产生的"日本语问题"视为"国语问题"的发展，则"国家内部"的"国语"概念便无法原封不动地维持下去了。在此，"日本语问题"是作为"国语"和"日本语"之间重大的整合性问题被提出来的。

如安藤正次上述文章所示，他想通过把国语政策上的应对分为"对内政策"与"对外政策"，来回避"日本语问题"所面临的"国语"概念以及对"国语问题"予以重构的课题。这里，我所关注的不是其相应政策的是非曲直，而是这种内外二分的政治性应对所反映的构成"国语"与"日本语"概念的叙述以及这种概念构成所暴露的问题。安藤认为，

> 国语乃是我们从遥远的祖先那里继承下来的全体国民的语言。对于国语国字的整理和改革，无论如何都必须遵从国语的特质，必须基于大多数国民的要求来行事。为教外国人，普及国语于海外的方便而做出的国语、国字整理改善，实在是对国语之神圣性的伤害。我们无论如何，也要有内外主从之别。

在此，以"从遥远的祖先那里继承下来的全体国民的语言"来谈论的"国语"概念，在新的帝国版图扩大的背景下，毋宁说是防御性的、"国家内部"的语言概念。来自历史新局面而投射到"国

语"上的外部性视线，必须从"国语问题"中排除出去。安藤正次强调，把对外国人实行日本语教育或者由日本语普及于海外而产生的语言上需要检讨的课题反映到"国语问题"上来，正是"伤害国语神圣性的原因"。我们由此可以知道，作为"国家内部"语言的"国语"概念是与视"国语"为神圣的观念一起被建构起来的。与此相关，作为"国家外部"的语言，"日本语"概念得以形成。这就是"东亚共同语"之"日本语"。不用说，"东亚共同语"即"日本语"这一概念也因其政治、政策的立场而具有多义性。其中有力地存在着这样一种立场："国家内部"之"国语"因国家对外的帝国主义扩张，其作为"东亚共同语"之"日本语"的方面得到了强调。这里有着极其政策性的"内外主从"立场。那么，我们来看看将"国语问题"分成"对内政策"与"对外政策"而构成的作为"东亚共同语"之"日本语"吧。

> 日本语对东亚诸国的输出，……恐怕只是作为一种外国语而存在的。不管我国在东亚的盟主地位怎样地得到巩固，我们脑子里仍要清楚，日本语是作为东亚共同语而输出各国的。……必须注意到，东亚共荣圈内作为共同语之日本语，对于我国之外的东亚诸国来说，只是一种外国语。

这里形成了一种作为"国家外部"语言（外国语）的"东亚共同语"即"日本语"的概念。如上所述，这一概念与更为政策性的作为"国家内部"语言之"国语"相关联，它是在"国语问题"的保守与革新的激烈斗争中勉强确立起来的概念。到战前和战争期间为止，针对包括对外性契机的"国语问题"在内，文部省方面的

"内外如一"见解虽然是正式场合下的立场，[8]但实际上这一问题在保守与革新、传统与近代化复杂交错中不断发展，对于"东亚共同语"即"日本语"并没有形成共同一致的立场。因此，上面所见的"日本语"概念，是从国语学的角度始终参与国语政策制定的安藤正次所抱有的概念，在当时并非主流。不过，若从直至当代的长时段来思考"国语／日本语"问题，安藤正次的表态蕴含了一些重要的暗示。首先，"国语"作为更为"国内"的语言是带有防卫性和封闭性的概念。与此相关，"日本语"则是"国外"的语言，对于学习主体来说是作为"外国语"的"东亚共同语"，带着更为一般性的特点。

安藤正次以上表述的政治性、政策性的意图可以不问，其"国语"与"日本语""内／外"二分的概念构成，却让人们感到他预先看到了"国语／日本语"问题在将来可能发生的事态。的确，安藤正次的表述限定在对外国人进行日本语教育这一实用主义的层面，并没有使之波及民族性语言理念上的纯粹"国语"领域而具有政策性的意图。不过，这个"内／外"二分的政策性话语，催生出了由"外部"视角所构成的"日本语"，也就是对学习主体而言的"外国语"之"日本语"的概念。

四 "国家内部"的语言／"国语"

在昭和16年（1941）4月1日刊行的杂志《日本语》的"发刊词"中，松尾长造说："以永恒不熄发展的我国国民文化的根本性质为轴心，首先在东亚全域确立起共荣圈，并在世界新秩序建设过程中树立坚固的前进路标，这正是当代日本人首先要从事的事业。"[9]以"为思考东亚的日本语问题，……日本语的普及和教育"为宗旨的杂志《日本语》，便是受到上述发行人所说的历史性状态及对其认识的支撑和推进而创刊的。向"在东亚全域确立起共荣圈，建设世界新秩序"迈进的日本帝国主义，在其推动下，"东亚的日本语"这一全新的问题被提到了"国语问题"的层面及以"国语问题"为专业的国语学者、语言学家的面前来。处理这个全新问题的方法应该有多种多样。我们已经考察了战前战后国语政策的指导者安藤正次将"国语问题"分为"对内政策"和"对外政策"的两分法策略。这里引人注目的是，与由"外部"视角构成的"东亚共同语"即"日本语"这一概念一起，"国语"作为"国家内部"的语言以其特殊性进一步得到强调的形式被建构起来了。于此，国语政策史上不曾有过的"东亚的日本语问题"即"对外"问题被带进"国语问题"中来而具有了冲击力。

昭和16年（1941），即"大东亚战争"开战的前夜，朝日新闻社出版了"国语文化讲座"第1卷。"如果没有语言就不会有人类的进步和文明。民族诞生以后的文化依靠其国语而得以传承下来。没有国语，也就不可能有民族的统一和特有的精神。"以这样的"序言"开篇的讲座，其第1卷是"国语问题篇"。同样是这位安藤正次，撰写了题为"国语政策"的卷头论文。而山田孝雄题为"何谓国语"的论文则刊载于第2卷"国语概论篇"的卷首。可是，山田提出了"何谓国语"的设问，其回答的前提却是拥有使用"支那语系统的语言"和"朝鲜语"的"已然是日本臣民"的"大日本帝国"，而非"东亚的日本语问题"背后的"东亚盟主"日本。

而今，我们所认识的国语乃是发表和理解作为日本帝

国核心的大和民族思想的工具，古往今来人们一直在使用
这个国语，未来也将以此向前迈进。这个国语发源于大和
民族，是大日本帝国国民的通用语言，简言之，即大日本
帝国的标准语。这里所谓的标准语，意味着它是用于国家
统治的正式语言，并且是教育上之正式的标准语言。[10]

　　向以不同的民族语为母语的人们强行普及日本语，以及日本帝
国主义版图在东亚的扩大，使山田孝雄对"国语"做出了"这个国
语发源于大和民族，是大日本帝国国民的通用语言"或者"大日本
帝国的标准语"的规定。然而这一规定，不过是将"大和民族"政
治上的优越性视为"大和民族语言"上的优越性，并在帝国版图扩
大的状态下予以确认而已。的确，山田因注意到上述历史性的事态
而强调"国语"也有"语言之一般的通用性"。但是，他在强调这
一点的同时，又用"国语的局限性"限定了其"语言之一般的通用
性"："关于日本的国语，我们必须做出如下限定，它具有语言之一
般通用性的同时，又是大日本国的语言以及大和民族的语言。"在
全新的历史、政治事态下，只是针对"国家内部"的"国语"概念
增添"大日本帝国的通用语"这一新的规定，不仅没有重新质疑
"国语"的概念，相反只是站在民族主义的语言观上对"国语"概
念做了重构，如此而已。这种完全根据民族主义意识形态而建立起
来的"国语"概念，本来就不可能与"国家外部"的"日本语问
题"搭上界。

　　另一方面，把国语政策分为四个时期来论述的时枝诚记则将
"满洲事变至今的时代"划定为第四个时期，"到了本时期，国语问
题已经超出国家范围而发展成日本语问题了"。至少，他直面"日

本语问题",看到了用以往的"国语问题"无法处理的新事态的出现——这个新的问题,乃是"超出国家范围"的。那么,他打算怎样面对"日本语问题"的出现而重新审视以往的"国语"概念呢?当时,时枝诚记已是京城帝国大学(汉城——译者)国语学讲座副教授,昭和2年(1927)4月赴任之后,他一直为"热爱母语的精神与作为朝鲜国语的日本语之间的关系"[11]而苦虑着。我们追溯这位国语学者的苦虑过程,对于考察"日本语问题"应该是有益的。他首先强调,在"朝鲜"这块土地上,坚持上田万年所热烈提倡的"国语"理念是困难的。让我们看看其所讲的"国语"理念。

> 我们透过国语感觉到作为国家一分子的喜悦,我们透过国语回想过去那令人怀念的生活,领教传统的强劲力量。我们在用法律来维系国家之前,首先是通过说国语而意识到其无形的连带,并感到国语的力量。对于国语的敬爱之念甚至可以升华为一种宗教。我们非难国语,就仿佛诋毁父母一样。所有一切都要以对于国语的敬爱之心来解决。我们必须以这种心情来保护和发展国语。[12]

时枝诚记是以"上田博士的主张"来记述"对于国语之爱"的。不过,他强调可以用这种"敬爱之念",或如"甚至可以升华为一种宗教"所比喻的那样,用所谓"国语神学"式的语词来叙述"国语",这大概是因为"国语"还处在某个幸运的时代。他要强调的是在没有因亲缘关系而发生紊乱的时期里作为一个同族的幸福的幻想时代。这是一个"父子兄妹和谐生活在一个家庭里,还没有兄嫂弟妹的时代"。这个"国语"最幸福的时代,即"日本国家、日本民族、日本语构成三位一体的时代"。而"国语神学"便是依据这三位一体结构来叙述"国语"的话语。

时枝诚记是以"国语神学"的语言来记述"上田博士的主张"之"国语"的。可是，吐露出来的已是对消失了的"家族之幸福"深情追怀的话语。他在"京城"之地，看到"国语的幸运"时代已然成为过去。日本国家正处在无法原封不动地维持其"家族之幸福"和"国语的幸运"之历史场域中。

从今天的日本国家构成和国际立场来看，我感到对于上田博士关于国语的主张有重新思考的余地。这是我到朝鲜赴任当初就悄悄怀抱于胸的疑问，如果不折不扣地接受上田博士的主张，那么要对操不同民族语言的朝鲜人普及国语（日本语——译者）的理由也就大半失去了。因为不管怎么说，对于朝鲜人来说朝鲜语就是母语，就是日常生活语，同时也是其精神的血脉。然而，普及国语又是统治朝鲜的重大国策和现实要求，每一想到这里，就不知道该如何解决两者的对立才好。

时枝诚记强调，若依照"国语"的观念则下面这样的事情是很难做到的：把作为日本民族"精神血脉"的"国语"，按照理念原封不动地普及到以自己的民族语为"母语"的人们中去。他认为这个理念与国家策略相悖，"毫不奇怪，这会使朝鲜人唤起爱护朝鲜语的感情"。然而，当把国家对朝鲜的统治作为不可动摇的前提时，应该怎样思考必须普及的"国语"呢？在此，时枝诚记试图在民族语言之"日本语"和国家语言之"国语"中间设置一个维度差。就是说，"国语是从国家的观点设定的具有特殊价值的语言，日本语则不过是脱离这种价值意义而与朝鲜语及其他所有语言处于同等地位的语言学之对象。"至于"国语"对朝鲜语等的价值优势，则与国语（标准语）对方言的价值优势相类似。

　　国语实际上意味着日本国家或者日本国民的语言。从国家的角度出发，国语之于方言的价值，也即意味着国语针对朝鲜语具有的优势。我们必须承认国语之于方言乃至朝鲜语的优势地位，因为，追溯起根源来应该说此乃源于近代的国家形态。

以国语对方言的优势地位的类比来谈论"国语"之于朝鲜语的优势，时枝诚记的逻辑推理中隐含着欺诈之术。若根据这样的逻辑，国语在价值上不仅优越于朝鲜语，日本语不也被差异化了吗？可是，这里代替日本语设置了方言一项，其实强调"国语"价值的优越地位的话语本身只能是政治性的、歧视性的。时枝诚记强调说，此种差别归根结底起因于"近代的国家形态"。那么，这个暧昧的"近代的国家形态"是什么意思呢？他难道是在说臣服于帝国主义时代宗主国的、操不同语言的民族这一国家形态吗？初看起来，仿佛是指民族语（日本语）和国家语（国语）间的维度之差，而且似乎在强调要重新审视"国语"的理念。然而很明显，时枝诚记以日本国家的政治性优越地位为基础而主张"国语"价值的优势，即所谓"国语"毕竟与山田孝雄的"大日本帝国的通用语"没有什么大的差距。他说："在此我们思考大东亚共荣圈中的日本语之优越地位的思路被打开了。"可是，站在政治性优越地位上的差别语言遮断了从操不同语言之民族的角度来观察国语的视线，于是"国语"被封闭在"国家"的内部，绝不会与来自外部的视线相遇。

五 围绕"日本语输出"的话语

随着"大东亚共荣圈"理念之现实上的进展，如上所述，在要求重新审视"国语"概念和"国语问题"的同时，出现了"日本语问题"。所谓"日本语问题"乃是因为"国语问题"史上不曾有的"日本语"新事态的出现而产生的。伴随着对亚洲众多操不同语言的民族即"大日本帝国"之外的民族进行日本语普及这一国策，产生了"日本语问题"。然而，人们是以怎样的认识性话语来叙述日本语向亚洲各地的输出与普及的呢？既然这一事态是因承担国家政策而产生的问题，那么首先便要用国家对外文化工作上的政策性语言来叙述了。身任文部省要职的钉本久春就讲："针对不同民族的日本语教育乃至针对其他民族社会普及、渗透日本语的事业，不用说，在我国对外文化活动或文化工作中占有极其重要的地位。"[13] 他是把对外语言政策定义为文化工作的重要事项的。此时，日本文化工作的目标如果是"让不同民族准确地理解日本，实现与日本在生活上的深入结合"，那么"对不同民族实行日本语的普及事业则正是文化工作的根本"。在将日本作为"东亚的盟主"实现"大东亚共荣圈"理念方面，人们认识到日本语的普及活动占有根本性的位置。

对归属在日本帝国主义版图中的不同民族进行日本语普及工作的政治性认识，同时也是将在东亚一带已经普及的"帝国主义语言"英语（或欧美各国语言）视为应克服和战胜之反面教材的认识。[14] 当日本语被理解为是克服在东亚一带已然流布着的英语之帝国主义"语言"之际，有关日本语的政治性话语，同时也就成了强调"世界新秩序"之"近代的超克"论。我们有必要记住，在此也便产生了一种民族主义式的浪漫叙述，即通过语言工具实现不同民族间基于主体性欲求的"灵魂沟通"。

> 所谓不同民族对于日本的理解，必须是从客观视角对日本的正确理解，同时也必须是各民族本身于生活现实上以自己真切的共鸣和欲求来具体把握日本的状态的实现。……引导不同民族从自身的内心、主体欲求出发来理解把握日本，在方法上我们必须做出适当的考虑和不懈的努力。[15]

如此这般，向亚洲输出、普及日本语的问题是以"东亚盟主"日本之对外文化工作上的政策性话语来叙述的。然而，这个"日本语"即使被说成是民族间灵魂交流的工具，也仍然不是那个"神学"式语言所构成的"国家内部"的"国语"。正如前面已经看到的，有关国语的政策性说法试图将之分成"对内"与"对外"两种，"日本语"乃是建立于日本对外语言政策的相关性上的。因此，强调不同民族间之主体性交流的钉本久春，也认为"从与不同民族的母语关系上来说，一般应该认为日本语是处于公用语或者第一外语的位置上"。本来，所谓"（东亚诸民族）公用语或者第一外语"指的是"帝国主义语言"英语（或欧美语言），因此，钉本的话语只能是由日本语代替英语来占据其位置的一种主张。充分认识到这一点之后，我们应当注意，与对外语言政策相关联的"日本语"，被理解成不同民族的"外语"。这种视"日本语"为"外语"的视角，已非局限于"国家内部"之"国语"视角，因此这个意义上的"日本语"之确立，尽管高举"内外如一"的政治标语，仍然不能不引起"国语"和"日本语"之间的分歧。

六 "日本语"的拥护者们

日本语学者（而非国语学者）佐久间鼎，在载有上引钉本久春论文《日本语教育的基础》的同一期《日本语》杂志上，发表了一篇颇有意味的《日本语的普及与英语教师》。文中，佐久间鼎论述了让有英语教育经验的教师从事日本语教育的积极意义。这同时，也是从另一面来论述现有国语教师不适合日本语的教育。

在正确认识现代日本语方面，中等学校的国语教师反而落后，这种现状常常成为议论的话题。能向学生揭示语言的古典意义的人虽然有之，然而能够准确认识当今日本语的发音语调和文法的人却微乎其微，这实在是无可奈何的现状。

（相反英语教师）却能在与外语的比较中清晰地把握现代日本语，特别是生活语言的特征，在教授外语的时候，现代日本语那生动的姿态反而能够被观察到。因此，担当这些教育工作的人们逐渐深化了对母语日本语的认识。[16]

佐久间鼎这段话在多种意义上深有意味。他首先提出了这样的问题：在日本对外文化政策的关联中产生的"日本语"，除了国家政策的推进者以外，还有谁是其支持维护者呢？就是说，对国语学者和国语教师所忽视的现代日本语表示关注的人们，才是"日本语"的支持和维护者。也即他们是以一般的语言学来关注现代日本语的日本语学者，以及身处日本语教育实践岗位的教师们。从由学问上构成"外在"视角或者从面对眼前的"外国人"这样的立场出发来看日本语的人们，才能支持和维护"日本语"。比起现有的国语教师来，英语教师更具有对现代日本语的良好感受性，也适合担任日本语教师。佐久间鼎这个悖论式的说法，传达了作为"东亚共同语（第一外语）"的"日本语"确立的维度和谁为支持者的问题。

为建立"世界新秩序"而施行"大东亚战争"，要求"日本语"取代英语占据"东亚共同语（第一外语）"的位置，这意味着"国语问题"史上不曾有过的新形势，即"日本语问题"的出现。同时也需要审视与"国语"概念有统一性的"日本语"概念的确立。处于这样的历史事态中，"国语"针对新出现的"日本语问题"试图重构起防御性和更具有文化保守主义倾向的概念。另一方面，"日本语"则与对日本人现实语言生活的强烈学术关心相结合，试图依据"国语"所不具备的"外部"视角构筑起新的概念。这些概念的构筑，原来都不过是伴随"东亚盟主"日本强有力的国家意志的实现过程而出现的国语政策，及其与之同调的专业学者之战略性话语的产物而已。

然而，当我们观察 20 世纪 40 年代围绕日本的语言政策的事态推移过程时，马上会发现这种事态仍在当代日本反复。所谓反复，便是某种类似状态下的不自觉的话语再生产。日本的经济力量在国际上开始增强的 20 世纪 70 年代以后，"日本语"确实发生了强有力的再生。于是，在"国际化"的呼声不断增高的形势下，"日本语学"甚至大有取代"国语学"地位之势。而"国语学"则早已失去了对日本人现实的语言生活的关心。面对这种状况,我们依照龟井孝曾作为"与国语学抵抗"而讲的"国语学啊,你当起死回生"[17]一语,有必要大胆地质问:"置'国语'于死地,'日本语'就诞生了吗?"将封闭的自我及境况隐匿起来的开放,只能是自我保护的老套手法,日本的当代史不是多次告诫过我们这一点吗?

第四章
日本的近代与近代化论
——战争与近代日本知识人

然而，在东亚只有日本拥有了近代。这日本的近代正在东亚开辟新时代。我想这是不争的历史事实。

——铃木成高在"总力战的哲学"座谈会上的发言

通过抵抗，东洋将自己近代化了。抵抗的历史便是近代化的历史。未经过抵抗的近代化之路是不存在的。……因为没有抵抗，日本不成其为东洋的，同时因为没有自我保护的欲望（没有自我），日本又不成其为欧洲的，就是说，日本什么也不是！

——竹内好《何谓近代》

在我国，近代性思维不要说"超克"了，其实还没有获得呢。这个事实在一些人的眼中也渐渐看清楚了。

——丸山真男《近代性思维》

一 战争与知识人的自我认识

太平洋战争的开战给许多日本知识分子以强烈的冲击，同时也触发了他们认识历史的冲动。这种冲击不单来自大规模的战争或者早已感到危机的战争的最终爆发。因人而异，有的是用"感动"一词来表现这一"开战"带来的冲击，有的人则感到一种从重压中解放出来，或者被鼓动起重新认识世界史的冲动。竹内好主持的《中国文学》昭和17年（1942）1月号刊载了题为"大东亚战争与我等的决意"的卷首文章，其中这样记述了开战带来的感动：

> 历史被创造出来。世界在一夜之间改变了面貌。我们亲眼看到这一切。感动得发颤，我们守望着一道彩虹一般飞翔的光芒划过。我们感到涌上心头而难以名状的某种激发之情。12月8日，宣布开战大诏之日，日本国民的决意凝聚燃烧起来。心情无比地爽快。[1]

以上所见，作为发自始终诚实面对中国问题的竹内好口中的词语，虽说带着特有的倾向性，但开战给予知识分子的"感动""爽快"一类的感慨，并非仅仅属于竹内好等一部分人。对于日本近代化过程中不断感到西洋重压的知识分子，这开战的布告不能不给他们以某种感慨。各种议论千差万别、异彩纷呈。而那一时代的代表性知识分子集聚一堂，围绕"近代的超克"进行讨论，也源自"开战"给予日本知识分子的冲击。主持这次会议的河上彻太郎用下面一段话表述了这种冲击。

> 我们，如果允许我这样说的话，我们面对如明治以来流入日本的时代趋势，未必走的是相同的生存道路。就是说，我们是从不同的角度，面对当代这一时势各自走过来的。从各种角度走过来，而特别是12月8日以来，我们仿佛获得了一个使感情天衣无缝般地凝聚起来的套语。这个

　　　　套语实在无法用语言来表达，就是说，我用"近代的超克"
　　　一词来说明的……[2]

　　名为"近代的超克"的座谈会于开战后半年多的昭和 17 年
（1942）7 月召开。座谈会主持人河上彻太郎的上述言辞所展示的，
亦是开战给知识分子的冲击促成了该座谈会的召开，并给他们带来
某种凝聚性的"套语"。河上首先强调，从明治以来直到开战，我
们从各自不同的角度走过了日本的近代历程。即是说，我们并不是
带着同样的意识观念走过近代历程的。他强调，从多样的角度走过
近代历程的"我们的感情"在 12 月 8 日开战以后，"仿佛获得了一
个使感情天衣无缝般地凝聚起来的套语"。这个"套语"作为某种
意识，被称为"近代的超克"。

　　开战给走过多样的近代历程的知识分子以重新认识这些历程的
冲动。河上彻太郎则试图称此为"近代的超克"。因此，以开战为
契机召开的座谈会"近代的超克"，所谈论的绝不仅仅是日本浪漫
派那个"近代的超克"的主题。毋宁说，支配座谈会的共同主题乃
是开战所促动起来的知识分子重新认识近代的问题。仅以此角度观
之，这个臭名昭著的座谈会，和那个京都西田学派主导的更加臭名
远扬的座谈会"世界史的立场与日本"一样，如实记录了因战争导
致的日本知识分子对近代日本进行自我反省的状态。例如，中村光
夫在提交给座谈会的论文中，这样描述了战争所提供的重新认识日
本近代的机会：

　　　　因为西洋特殊的影响，我们陷入了如此混乱（盲目适
　　　应西洋文化所引起的混乱）的状态，如果说这正是我等的

责任，那么如今再来排斥西洋文化也是无法救治其弊端的。相反，明治以来我们所经历的文化混乱，如果主要是来自西欧与日本之间存在的力量不均衡和基于此而被扭曲的西洋认识，那么这种不均衡得以恢复到我们已不再感到那种"盲目"的压迫之当代，不正是真正理解西洋的好机会吗？[3]

就是说，与欧美的这次交战，给我们一个真正理解西洋文化的机会，这个西洋文化曾经给近代日本以绝大的影响，并且日本因"盲目"地接受该文化而陷入混乱。人们从中村光夫的发言可以轻易发现一个反省近代日本的类型。这个类型属于对日本近代化过程进行反省和再认识的话语，即重估因表层盲目地接受西洋文化而导致日本社会的畸形和混乱。

以往的近代主义论述以"近代化论"为理论原型，来测量近代社会的完成度及实现的可能性，或者讨论其实现过程。如果我们不拘泥于上述近代主义概念论述，而是将包括"近代化论"在内的近代主义理解为对"近代化"历史过程进行反省的认识论话语，那么，其中既可能有近代主义式的"近代化论"，也可能包含反近代主义之"近代的超克"论；既有将"未完成的近代"视为问题的议论，也会有主张正视"作为既成之近代"的论述。而战争给知识分子的冲击，我们可以认为，在于使他们一齐表明自己的近代化论是此种意义上的近代化论话语。我在此提出"日本的近代与近代化论"议题，是要讨论有关太平洋战争的开战给知识分子带来的冲击，以及由此促成他们关于"近代"和"近代日本"的反思性自我认识的表态，也就是我上面所说意义上的近代化论话语。

二 他们谈了什么，什么没有谈及

如上所述，"近代的超克"座谈会于昭和17年（1942）7月举行，参加人员有河上彻太郎、小林秀雄、三好达治、林房雄、龟井胜一郎、中村光夫等"文学界"同人，加上西谷启治、铃木成高、下村寅太郎、吉满义彦、菊池正士、诸井三郎、津村秀夫等。这个包括了文学家和哲学家、历史学家、神学家、科学家、作曲家、电影评论家等各色人物的座谈会，虽说是被形势紧迫的时局促成的，但本来也难以期望会有什么紧凑集中的讨论。更何况，准备参会的日本浪漫派的保田与重郎未能出席，已使"近代的超克"只能成为一个假想的主题了。座谈会进行了两天，还有几个人事先提交了论文，或者事后寄来了文章。那么，他们谈了什么？阐述了什么？还有什么没有谈及呢？

以开战为契机而召开的座谈会，当然成了被战争促发而成的发言。可是，战争促发了怎样一种类型的发言呢？如上所述，"近代的超克"乃是会议主持人河上彻太郎拟定的一个题目，而参加者虽说是想按照这个主题发言，可是所发之言如上所述乃是他们关于"近代"的批判性认识。鉴于此，这个座谈会明显是有一个主题的。这便是"各自所认识的近代"。战争促发了他们关于"近代"的发言。为什么呢？这理由恐怕就在于他们对"近代"所下的定义。

龟井胜一郎对"我们从接受'近代'这个西洋晚期文化那一日开始，精神的深层部分便受到侵犯的文明生态"慨叹不已。西谷启治等京都学派的人讲到，"一般是将所谓近代视为欧罗巴的东西"，阐述了欧洲近代对世界的支配及其世界秩序，强调对这个秩序的重构。而吉满义彦则借"近代的超克"主题，谈了从使上帝死亡的

"近代宿命"解放出来，予以宗教性克服的课题。中村光夫强调，"若不抓住西洋近代精神的内幕，就不可能实现近代的超克"，视"盲目"接受西洋的近代为问题的关键。小林秀雄则以仿佛自己早就看透了西洋近代的姿态，声称在历史进程中自己的存在场域已然变动了。如此这般，成为他们批判的、应该克服的对象，或者作为克服的前提而被理解的"近代"，不是别的正是西方的近代。被这个西方近代所侵犯而陷入混乱、备尝艰辛的就是近代日本。在接受了先进的"西洋"及其经济、政治、文化压力的"东洋"乃至"日本"这一地缘政治认识图式中，"近代"得到了意识化，成了话语上的主题。对欧美开战使这个地缘政治认识图式中的"近代"凸显出来，诱发了知识分子们的议论。然而，除了下村寅次郎之外，没有人敢正视并追问下面这个问题：打响这场被称为"总力战"的战争的日本，作为"近代"已然成为自身之物的近代国家，被追究的"近代"不正是进行战争的"我们自身"吗？

　　出于科学史家的立场，下村寅次郎是座谈会参加者中唯一指出"近代便是我们自身"的人，他说：

> 　　虽然近代来自欧洲，但事实上我们自身也成了近代的了，还包括我们获得近代这种情况，都说明近代具有世界性。……近代便是我们自身，近代的超克也便是对我们自身的超克。如果有谁像批评他人之事一样谈近代的话，那只能说是一种简单的不负责任。[4]

　　"近代便是我们自身"，这个认识不仅在此次座谈会上是个例外，即使是在近代主义话语光彩地支配着言论界的战后，不也是一种例外吗？就是说，战争诱发下的近代化论话语所暴露出来的近代视角，或者观察"近代"的认识论架构，虽然有评价方面的上下沉浮，但基本上是被战后所继承下来，或者依然在时代转变的今天被不断地再生和反复着的。也可以说，战争诱导下的有关"近代"的反思和认识论式的话语，乃是战后近代化论话语的开始。与战败一起实现了价值转换，这一神话掩盖了认识近代视角的连续性。不过，我们不必急于得出结论，还是先来看看这个例外的认识问题。如果从我眼下的关注点出发，将"近代便是我们自身"这一认识分层，那么发动那场战争的日本已是将"近代"作为自身之物的近代国家，因此，追究"近代"便不再是他人之事而同时也是自己的问题了。进而，如今开始的战争并非不健全的日本近代及其国家体制所带来的非合理的结果，也不是一场承担着克服"近代"课题的日本所发动的"当代"战，更不是已被"近代"污染了其文明的日本精神的革新。相反，这场战争正是将"近代"化为己有而成功实现了"近代国家化"的日本的归宿。可是，那场座谈会的出席者则几乎完全没有触及以这样的视角所认识的"近代"。特别是京都学派的哲学家们无论怎么饶舌来谈论这场战争，结果终归是如用知识来粉饰太平一样，作为日本"近代国家化"的归宿而有了这场战争，这一认识则被遮蔽、被模糊了。

三 世界史的立场与日本

开战前后数年间的日本言论界，以知识性的狡辩大谈特谈这场战争以及推进战争的日本之立场的，是受西田几多郎深厚影响的京都学派的 4 位学者。他们是西洋近代哲学研究者高坂正显、宗教哲学家西谷启治、历史哲学家高山岩男和西洋史学者铃木成高。开战前不久的昭和 16 年（1941）11 月 26 日，举行了"世界史的立场与日本"座谈会，会议记录发表在翌年 1 月的《中央公论》杂志上。后来接着举行了第二次会议，其记录与前一次的一起汇集成书。关于第一次座谈会，该书序中说："我们本来无以知道形势的发展会达到如此紧迫的程度。然而，世界日益变得非同一般的迹象，使我们将议论集中到了世界史以及日本的主体位置的问题上来。"[5]第二次座谈会"东亚共荣圈的伦理性与历史性"于昭和 17 年（1942）3 月 4 日举行，第三次"总力战的哲学"于昭和 17 年 11 月 2 日召开，每次座谈会的记录都发表在《中央公论》上。而三次会议的记录汇集成一本书，以《世界史的立场与日本》命名由中央公论社出版，则是在昭和 18 年（1943）3 月。

常常与"近代的超克"一起被冠以"臭名昭著"形容词的这个座谈会，无论取自始至终哪一个人的发言观之，都会让人感到有足够的理由称其为臭名昭著。哪个人的发言，都让人感到是"为了战争""为推进战争的日本"而进行知识粉饰的哲学饶舌。但是，如果说知识粉饰乃是隐匿或者试图模糊某种事态的话语，那么这种被反复讲述的知识粉饰话语，将提示出一个关于某种事态之哲学话语的漂亮的一览表。若是今天还有必要回顾京都学派学者们的发言，那也只在于这一点。之所以这样，是因为与"世界史的立场"主张者所有历史认识相类似的事态出现于历史转变过程中，这时，那些漂亮的哲学饶舌会成为这一类不断反复、再生的话语宝库。

　　（铃木）然而，东洋没有这样的近代。而日本具有了近代故唤起了东亚的新时代，高坂说这是非常具有世界史意

义的，我也这样认为。(《世界史的立场与日本》)

> 因此我国在这一点上［针对欧洲的自主性］显示出独
> 自的态度，不久这将于现代世界史的转变上对发挥我国
> 的作用带来特殊的意义，亚洲国家中日本已实现近代国
> 家化的事实是具有世界史意义的重大事件，我们应予以
> 充分评价。……亚洲国家中的日本通过摄取欧洲式的东西
> 而得到强化，这与欧洲通过扩张使自己的非独立的依存
> 性得以加强的趋势一起，都是有着世界史上重要且奇特
> 意义的事实。[6]

由主张"世界史的立场"之人进行知识粉饰的事态，正如这里
所述，与欧洲和日本这一地缘政治图式中的近代日本相关。日本在
亚洲是唯一于接受欧洲近代方面获得成功并实现了"近代国家化"
而得以与西洋先进国为伍的强国。这一认识首先是他们所共有的。
那么，通过这种摄取，日本实现了强大的"近代国家化"，其所摄
取的"欧洲式的东西"是什么？高山岩男这位最有力的"世界史的
立场"的理论家，将此细分为"军事、经济、技术、科学上"的几
部分。可以清楚地看到，这里没有讲到"精神上"的东西，所预留
下来的是作为日本的自主性、主体性。至于所列"欧洲式的东西"
的名单上，应该有与近代国家的存在相关联的"政治上"的一项
的。这难道不正是作为强国而"近代国家化"了的日本所具体展现
出来的"欧洲式的东西"吗？

他们是把"近代"这个世界史上的一个时期，作为"欧洲世
界史的阶段"来把握的。"欧洲世界史的阶段"，正是"欧洲扩张"

的时期。如铃木成高在座谈会上的下述发言所讲："所谓近代欧洲世界史的阶段，是以其扩张为媒介而进入该时期的。"若用高山岩男《世界史的哲学》来补充说明这个"欧洲世界史的阶段"，则可以说，首先是经济上"欧洲近代资本主义作为工业资源地和商品市场，自然要求获得欧洲以外的地域，而引起欧洲世界向外部的扩张，最后达到这样一种相互关联的阶段：如果没有欧洲以外的地域存在，那么欧洲本身的存在也将难以维持"。如果从文化上来看资本主义发展所引起的欧洲之扩张，便是近代欧洲文化的传播使"非欧洲地域之欧洲文明化"的状态得以出现。在此，高山岩男看到近代世界史作为欧洲世界史而形成的"历史和现实根据"，即"非欧洲地域之欧洲文明化出现后，世界文化走向统一的文化世界得以形成。在此，有着本质上近代世界史乃欧洲中心之世界史，或者欧洲式世界史的历史和现实根据"。欧洲文化普遍性的延伸是与欧洲近代国家原理上的普遍性延伸相伴随的。对此，高山岩男有着明确的认识。他说：历史性世界实质上将成为一个整体的世界，"这不久将归结为非欧洲地域的国家将具备欧洲式资本主义体制，成为与欧洲国家对等的近代国家"。高山还同时讲到以欧洲为中心的近代世界会达到崩溃地步的根据。不过是否"崩溃"可以不论，总之，欧洲近代国家原理之普遍性的延伸扩张，当然包含着对立性的延伸扩张，这是确切无疑的。这种对立引起了世界规模的战争，即第一次世界大战。高山岩男等人正是要在这世界规模的战争中，来观看以欧洲为中心的近代世界的终结。

可是，如果说"近代"因其为欧洲的世界史而作为"真正的近代"[7]才得以出现，那么巧妙地接受了欧洲近代而实现了"近代国家化"的日本，其在世界史中的自我实现，不正是自己按照其"近代"的逻辑实现的吗？然而，也正是这样推导出来的事实，才是主张"世界史的立场"之哲学家们以各种独具匠心的哲学话语要掩盖和粉饰的事实。不断将"近代"原理化为己有，又要不断为自己准备克服这种原理的逻辑根据。或者，必须强调超越欧洲世界史之"近代"的新"世界史的立场"和新的历史认识。如果"近代国家化"的强国日本所挑起的这场战争，其逻辑依据不是与欧洲帝国主义相同的"近代"逻辑，那么就必须理解为这是承担着超越"近代"之历史意识的战争。这场战争的性质不仅要规定为超越"近代"的"当代战争"，而且实行这场战争者必须具有强固的作为后现代的"当代"历史意识。这正是他们倡导重估和超越"近代＝欧洲世界史"之新的"世界史立场"的原因所在。

他们所主张的后现代历史意识，必须是"为这场战争"服务的话语。这不是在战争中觉悟到包括自己在内的一般近代国家的危机和世界史转变的历史意识。有危机的只是欧洲。正如座谈会上的发言所讲，仿佛是在日本呼应西方人讲"欧洲危机"一样，"在欧洲是危机意识，在日本则曰世界秩序"（铃木）。在这里，后现代历史意识和世界新秩序的主张，作为"为了战争"的哲学话语而闪耀登场。

（铃木）当代战争要求总力战或者国防国家体制，我想这意味着近代秩序在走向崩溃。带有市民的、资本主义性质秩序的国家在走向崩溃。或者说，近代世界观本身在走向崩溃。也就是在这里出现了当代战争，出现了总力战。……总之，近代已走投无路的地方有总力战爆发，总力战便是近代的超克。

（高山）因此，若不思考由近代世界观向当代世界观的转折，则今日之总力战的理想状态怎么也构想不出来的，我对此确信不疑。

（西谷）这次战争非常不同的一点在于，它作为民族国家的战争，同时又包含了全新的积极性动机。就是说，这不仅是为了一己的国家存亡，这存亡与建设共荣圈或者世界新秩序是联系在一起的。

（高坂）以往的战争意图在于恢复被破坏的既成秩序或者力量均衡，重返原先的阶段以保持原有的均衡，即所谓的保守战争。但是，今天这场战争完全不同，乃是彻底转向不同的秩序。

他们异口同声所言的，难道不是在谋求这场战争所要求的话语之新装，即向"当代世界观"的转变吗？

四　暗含的主题"支那"

如果说，"世界史的立场"座谈会上论客们的主题表面上始终是"近代＝欧洲世界史"，那么，暗含的主题则是"支那""支那事变"。"支那"问题，常常暴露出他们"为战争"而强辩，即把战争伪装成超越被"近代"所规定之战争维度的"当代"战争的话语虚构性。"支那"并非表面上主导议论的题目，但却是常常使他们不得不回到议论原点而加以辩解的隐含主题。

（西谷）至今为止，在支那所进行的，从外观上看某种程度是被误认为帝国主义的行为。在政策上好像也被这样看待，但是……

（铃木）就是说，有不透明的地方。

（西谷）我想有一种不透明性。

在此我们可以看到，有关"支那"的议论常常是一种辩解性的发言。这个"支那"乃是那些将自己的立场与近代国家日本的立场捆在一起的知识人感到羞耻之处，是作为暴露他们话语之虚伪性的现实存在。"支那事变"，"难道不是帝国主义式的侵犯吗？"此乃极力要打消可仍然不断从心底涌现出来的疑问。这个"支那"总是让他们感到自己的"世界史的立场"的哲学话语有露出破绽的危险。然而正因为如此，"支那"就更要求他们在虚伪的话语上涂抹光彩。

下面，我们通过高山岩男《世界史的哲学》来看看他们要在虚伪话语上涂抹光彩的、所谓由"近代史"转向"当代史"的历史哲学式言说吧。正如我已经讲到的那样，他们在起因于"帝国主义争霸"的第一次世界大战中发现了"欧洲近代原理"的破绽。他们认为，所谓凡尔赛体制下的世界秩序并非基于什么新的世界观，而是"建立在与'一战'前的世界秩序完全相同的思想上的，这里占统治地位的乃是于大战中已见破绽的近代旧原理"。因此，他们把日本退出与凡尔赛体制具有同等意义的国际联盟，视为否定"东亚之欧洲式秩序，不，盎格鲁-撒克逊人秩序的宣言"。那么，"世界新秩序"是怎样一种秩序呢？高山岩男说，这是"存在于亚洲与欧洲各自所本有的自主立场上的那样一种秩序"。而"世界史的立场"这一历史哲学话语，则是为了这新"世界秩序"而出现的话语。

不管人们是否认识到，处此当代世界变换的主导趋势中，存在着真正的世界史性质的世界格局理念。在这个意义上的特殊世界（具有地域、历史上之特殊性的共性世界）进而与更为统一的普遍世界相关联而得以形成，应该说，这里存在着当代世界史所以为真正意义上之世界史的道理。

高山岩男在此强调的是存在于亚洲与欧洲的共性世界，并各自保有其特殊性又与"统一的世界史相关联"的"世界新秩序"。但是，以这种历史哲学式的修辞所强调的"世界新秩序"，真的能够成为超越作为欧洲世界史之"近代"的东西吗？我们再进一步考察一下叙述超越"近代史"的"当代世界史"之成立的高山理论。他首先将作为欧洲近代原理的普遍性自我主张的"普世"世界史置换成"特殊"的欧洲世界史，并试图在作为欧洲普遍性之自我主张所孕育出来的对立者亚洲身上，确认其对于世界史进行自力性主张的场域。他强调这个近代的"普遍性"世界史，经过自我解体而成为"特殊的"欧洲和"特殊的"亚洲，两者必须向"各得其所"的普世性世界之确立迈进。

这里我要再一次追问，这种历史哲学的话语作为修辞是否漂亮不得而知，它真的是超越"近代"的吗？如上所述，"近代"乃是在接受了欧洲政治、经济乃至文化上扩张压力的亚洲，这一地缘政治图式中被主题化的概念。"世界史的立场"之哲学家们关于"近代"的话语，尤其强烈地受到这个地缘政治图式的制约。在作为反欧洲近代的、于地缘政治上所把握到的亚洲之中，悄悄地塞进了作为指导者的近代日本。因此，不得不把欧洲近代的"普遍性"世界史推回去，使之成为"特殊性"的欧洲世界史。把欧洲重新推回到

"特殊"的地位，只能是将原本为欧洲的"近代"原理推回给欧洲。然而，这个欧洲"近代"普遍性主张所孕育出来的对立者亚洲，可以逃脱"近代"原理吗？使对立者登上世界史舞台的不正是近代欧洲世界史发展的结果吗？而使日本成就为最强有力的对立者的，不正是因成功地接受了近代欧洲的国家原理吗？这也正是高山岩男等人所强调的地方。除了漂亮的修辞以外，哪里有可超越的"近代"？在此，历史哲学家们需要拿出更进一步的逻辑来。

重新形成的特殊性世界乃是在否定近代欧洲的国家原理之上所形成的世界，所以高山岩男说，这应该是"超越国家之上的东西"。他甚至认为，这绝非国家之"契约式的结合体"，而是"以地理、命运共同体之连带"为基础，更通过新的道义原理而结成的"特殊世界"。不用说，这就是"共荣圈"。如此这般，"大东亚共荣圈"作为克服"近代欧洲世界史"的"当代世界史"理念，也作为超越欧洲式近代国家原理的共同连带国家群之理念，终于出现了。高山岩男认为，日本之退出国际联盟乃是预告这"当代世界史"新理念登场的"警钟"。

然而，这位历史哲学家对促使日本退出国际联盟的历史事实，即"满洲事变"和伪满洲国建设这一与中国相关的现实，是怎样论说的呢？那是一种充满反复辩解和信口开河的逻辑展开，除此以外还有什么呢！

> 对于欧美在东亚的统治趋势，日支（日本与中国）只有坚决合作予以抵抗的命运。然而，日支之间却没有形成这样的亲密合作。支那排外运动的对象常常改变，我国也成了其排斥的对象。这源于他们将我国的对支行动理解为

帝国主义的侵略，我国的行动的确有可以做这种解释的一面。然而，我国为什么要一面致力于阻止支那的被分割，一面又不得不展开仿佛是阻碍日支合作那样的行动呢？我们必须认识到这里存在着可悲而又难以逃避的历史根据。这实际上不是别的，正是我国经济落后于欧美的事实所使然。

这难道说的是因为"落后于欧美"，日本的某些"对支行动"就可以免除责任吗？使这种辩解露出马脚的，是在反欧洲近代这一地缘政治学式的亚洲认识图式中对"近代国家日本"认识视角的欠缺。因此，这个涂抹着反近代之后现代色彩的话语，虽然提供了尽可能的反近代话语的语词一览表，结果，还是昭示出这不过是一种伪装、隐匿自己的"近代国家日本"的信口开河的逻辑。"世界史的立场"哲学话语，乃是在以反欧洲近代这一历史意识为伪装，隐匿自己之"近代国家日本"面目的逻辑上之强词夺理。

五　东洋的抵抗与近代

当读到竹内好闻知开战的布告后所写"感动得发颤，我们守望着一道彩虹一般飞翔的光芒划过"一句，我感到看见了他此前对于时局的绝望之深，以及因此而对开战所抱的幻想之巨大。在记述这一"感动"的文章《大东亚战争与吾等的决意》中，有下面表现对于时局变动之绝望的一段文字。

  我们对于支那事变，暗自有一种不同寻常的感情。疑惑不解在折磨着我们。我们热爱支那，因热爱支那反而支撑起我们自身的生命。支那在走向成熟，我们也不断地成熟起来。这种成熟可以确信无疑。及至支那事变发生，这一确信开始崩溃，被残酷地撕裂了。残酷的现实无视我们的存在，这使得我们对自己产生了怀疑。我们真的无能为力。现实越是迫使我们去承认，我们就越是后退、走向枯萎。如失去了船舵的舟筏随风漂荡，我们没有了目标方向。

将此与那个"世界史的立场"之哲学家们围绕日本"对支行动"所做的辩解性发言相比，我们当知道竹内好对于有关中国时局的变动所怀抱的绝望之深。正是存在于这辩解和绝望当中的自我认识的不同，使"世界史的立场"之哲学家们与竹内好之间产生了巨大的隔阂，虽然在反欧洲近代这一视角上他们是一致的。内涵于竹内好这绝望之中的自我认识成就了其战后对近代日本的批判视角。而战争过去不久，他在生活困苦和混乱持续不断的时期"带着对自己精神上必须超越一个难关的急切情绪，花费几十天时间"写成的《何谓近代》，乃是呼应着鲁迅那发自绝望深渊的声音而反复摸索写就的、表达了自己对"东洋的近代"之认识的文章。[8]

竹内好写道："东洋的近代乃是欧洲强制的结果。抑或由此结果而导致的东西。"然而，在此他要谈的是"压制者"欧洲与"受难者"亚洲的图式以及这一图式中的"近代"吗？在他看来，近代欧洲已非实体性的存在，同样，等待实现近代化的东洋也非实体。近代欧洲通过排除抵抗的东洋，就是说通过欧洲的前进才得以成为欧洲，东洋亦是通过对西洋的抵抗，一步步后退而成为东洋的。竹内好说：

欧洲为了成为欧洲，必须入侵东洋。此乃伴随着欧洲的自我解放而必有的命运。……不管欧洲如何，东洋的抵抗在持续着。通过抵抗，东洋使自己近代化了。……理解东洋、实现东洋，这是欧洲具有的欧洲式思考。

萨义德强调有欧洲东方主义的存在才有东洋的存在，而早在萨义德之前，且比之远为深刻的竹内好已经阐述了抵抗欧洲而节节败退的东洋对自身的认识。"欧洲"也好，"东洋"乃至"东洋的近代"也好，都不曾脱离欧洲世界史的现实，不曾摆脱东洋走向世界史这一历史性的事态。但是，比起"世界史的立场"之哲学家们夸耀随着欧洲世界史的实现而承担起新的世界史立场的日本终于登上舞台来，深刻意识到"与鲁迅相遇"[9]之意义重大的文学家竹内好，则试图于对欧洲的抵抗和败北中发现"东洋的近代"。可是，当竹内好说"通过抵抗，东洋使自己近代化了"的时候，他要在东洋寻找什么呢？这当然不是"世界史的立场"之哲学家们所夸耀的成功实现了"近代国家化"的日本。

抵抗的历史便是近代化的历史，不经过抵抗的近代化之路是没有的。欧洲通过东洋的抵抗，在将东洋包括到世界史里来的过程中，确证了自己的胜利。……东洋也在同样的过程中，确认了自己的败北。败北乃是抵抗的结果。不经由抵抗的败北是没有的。因此，抵抗的持续便是败北感的持续。……对于败北感的自觉，乃是通过这种拒绝二次性的自我之败北（忘却败北的自己之败北），即二次性的抵抗（对于忘却的抵抗）而产生的。这里，抵抗是二重的：对于败北的抵抗同时也是对不承认败北或者忘记败北的抵抗。即对于理性的抵抗，同时也是对不承认理性之胜利的抵抗。

这篇以"抵抗的历史便是近代化的历史"一句开篇的、无限苦涩曲折的文章，所讲的究竟是什么呢？竹内好似乎想指出，东洋的近代化乃是在抵抗和败北感中产生的某种东西。这个某种东西能称之为产生于东洋内部的自我吗？这是在抵抗和败北感之持续中被自觉到的自我，竹内好试图在这样的自觉中找到"东洋的近代"。这完全是对"东洋的近代"的主观性把握，这里的问题不在于追问"近代"是什么。他要讲的是，如果有实现世界史的近代欧洲，有抵抗而败北的东洋存在的话，不断抵抗、不断使之感到败北，只能在此过程中尝试找到东洋自己的主体，除此之外别无他法。足以称为"东洋的近代"者，如果可能有的话，也只有这样，主体才可能实现。在竹内好作此文的 1948 年，中国不仅在抵抗，而且已经形成了变革主体。这个主体就是通过抵抗而形成东洋之自我的。而竹内好便是把观察"东洋的近代"的视角落实到此"东洋的自我"上的。将自己的视角落实到不断抵抗、不断使之感到败北而由此所唤醒的"东洋之自我"上，再来观照成功实现了欧洲式近代化的日本之"东洋之自我"的丧失。如果说中国的近代化是"东洋之自我"的确立，那么日本的近代化便是"东洋之自我"的丧失。

> 中国的革命包含了挫折与成功、破坏与建设的全部过程，可以视为对欧洲文明的挑战。所谓的近代化论即使可以说明日本的近代化，却难以解释中国的近代化。因为，

在侵略的一方来看，挑战和抵抗本来是无益而不曾预料的要素。假如说日本的近代史是没有抵抗而脱离亚洲的历史，中国的近代化则是通过抵抗实现了亚洲化。[10]

六　作为非亚洲的日本

竹内好在题为"作为方法的亚洲"（1960）的著名讲演中，梳理了后进国家近代化的形态。他认为，日本的近代化虽是一个类型，但并非东洋各国近代化唯一绝对的道路。他以中国的近代化为例，认为是又一个典型。竹内好借杜威1919年经日本去中国旅行，遇到中国五四运动时的感受，这样说道：

> 通过这些（参加五四运动）青年的精神风貌，杜威洞察到中国文明表面的混乱背后所流动着的本质，并预见今后中国将在世界上具有发言力。而表面上先进的日本却是脆弱的，说不定什么时候就会崩溃。他当时说，中国的近代化是内发的，就是说是作为自身的要求而迸发出来的，因此非常强固。[11]

竹内好把位于与日本的近代化相反之极端上的中国近代化视为内发的、基于自身要求而产生的，这正是在中国的自我或主体形成之上实行的近代化。他使自己同化于这个中国的近代化，并构筑起对日本近代化实行彻底批判的视角。如果仅从这个视角观察，那么只会将日本的近代化视为完全是外发的，是在对欧洲文明的一味模仿接受过程中丧失了自我的近代化。这种批判日本近代缺乏内在性的叙述，不用说，与夏目漱石以来的近代知识分子对日本近代化所表现出来的危机感在谱系上是相关联的。但是，使竹内好得以与先前的批判者区别开来的，在于他那置于不断败北而持续抵抗的东洋这一深层上的视角。由此观察到的近代日本，被给予了二重的否定：过度的西洋化，仿佛西洋又并非西洋；更为致命的是日本又非东洋的。

> 东洋这个观念也和其他观念一样，在日本近代化的某个时期曾经显示过进步的方向（如《东洋自由新闻》时期），可后来却一直堕落下去。而在处于堕落方向的精神主观上，当然注意不到这种堕落。但在欧洲的东洋观念（是运动着的）投射过来时，其差异会反映到意识层面上来，却不能达到将这个差异置于对方的进步观念上而意识到自己堕落的自我认识层面。原因在于，这里没有抵抗，即没有想保存自己的欲望（自己本身不存在）。没有抵抗说明日本并非东洋的，同时没有保存自己的欲望（自己之不存在）又说明日本并非欧洲的。就是说，日本什么也不是。(《何谓近代》)

这"日本什么也不是"，大概是对作为"某种"东西的日本之反讽式批判吧。但是，批判归结到这样的反讽式地步，即只有反讽才能得以表达的时候，这作为"某种"东西而存在于眼前的日本，在他意识的某处是怎样一个存在呢？难道在其绝望之中，这只是作为悔之莫及的一种期待而存在着的吗？

所谓"某种"东西，便是"近代国家日本"。"世界史的立场"

之哲学家们，通过将日本作为其指导者而塞进反欧洲近代的地缘政治认识图式的亚洲中，免除了近代国家日本的罪责。对于他们来说，日本已然作为新的后现代世界秩序的构筑者而承担着自己的使命。竹内好则相反，他剥夺了日本作为反欧洲近代的亚洲之资格。正如他上面所言，日本并非亚洲，理由在于它失去了抵抗的自我。没有自我的日本不是亚洲，更非欧洲。故而他断言，日本"什么也不是"。然而，在这种反讽式的全面否定即断言为"什么也不是"的话语中所消失掉的，不正是这个"什么"以及反问此"某种"东西的日本之视角吗？不用说，在那些世界史哲学家那里没有"近代就是我们自身"这样一种反问自己的"近代"视角，而在这种抑郁曲折的文学家之反讽式的否定意识中，也不存在这种视角。哲学家认为，日本已然位于后现代的位置上了，而在这位文学家绝望的意识里，日本"什么也不是"。

开战之际竹内好发自内心的感动，其深刻程度可与他先前对时局的绝望相比，而其由来则源自他寄托于战争的幻想之巨大。对战争的幻想来自他置于抵抗而败北的亚洲之深层的视角。以资本主义经济和生活方式为基础的文明社会欧洲先进于亚洲，而亚洲则一面抵抗一面败退。竹内好设想，应该颠倒这个历史图式，从败北而抵抗的亚洲深层建立起使"东洋的近代"成为可能的"自我"或"主体"，并且，将自己的视角同化于这个"主体"。从这样的视角出发，他那寄托于"大东亚战争"的幻想虽因战败而有所萎缩，却不会消失。在"近代的超克"论中，竹内好的立场便揭示了这一点。[12] 然而，我在此并非要辩论其寄托于"大东亚战争"的幻想如何，我要追究的是其话语中凝重曲折地指向"近代"的那种视角，即他那同化于使"东洋的近代"成为可能的"自我"或"主体"的视角。这个"自我"或"主体"有着与那个应有的"东洋的近代"同等的重要性。在竹内好文学化的表达中,"东洋的近代"是绝不会自我分化的。结果,与"东洋的近代"具有同等价值的"自我"或"主体",只是和针对日本的反讽式全面否定的话语一起得到了叙述。当"近代"被总括为应有的"主体"问题并得到抽象化的时候,"近代"等已不可能存在于日本,日本成了"什么也不是"的东西。主观性的、具有震撼心灵的沉重语言,也就成了失去观察"某种"东西之视角的抽象话语。

七 近代性思维的未成熟

战败次年,丸山真男在题为"近代性思维"的短文中,针对"世界史的立场"之学者们、"近代的超克"之文学评论家们的话语,阐述了自己在战后状况中所抱有的感慨。

我越来越希望能认真考察有关日本近代思维的成熟过程问题,这也是我一直以来在学问上所关注的最为切实的对象。因此,虽然有客观形势上的变化,但我的问题意识没有发生任何改变。然而,近代精神这个概念本身变得相当引人注目,在我所尊敬的学者、文学家、评论家口中,仿佛此乃当代各种罪恶之终极根源,或"近代"已完成其使命成为过去时代之遗物、只有努力超克才是问题之所在那样的言辞,成了这个国家或者只在这个国家里近年来所有的时代风气。如果将此与接受了麦克阿瑟将军有关近代文明ABC辅导的当代日本加以比较的话,我不能不产生一种悲惨与滑稽相交织的感慨涌上心头的感觉。[13]

痛感日本近代性思维的未成熟，仿佛在夸耀自己早就开始研究其成熟过程的那个视角之正确似的，丸山真男与把日本作为从民主主义角度看还是未成熟的孩子一样来对待的联合国军总司令一道，数落"近代的超克"那些人的"悲惨与滑稽"。当然，他那种并非正面批判只是蔑视一般的嘲笑口吻，在此可以不论。而这一段话难道不可以看出所谓"近代主义"式话语的特征吗？接着上文，丸山真男继续说："在我国，近代性思维哪里是该'超克'的，实在还没有获得呢，这一事实不久便在一些人眼里得到了证实。因此，研究我们的近代精神史，有必要对此基本命题加以不客气的说明。"如果这种必要在战后状态下有所减少而需加以溯源的话，那么"近代主义"的观点是怎样一种视角将会明朗起来的。丸山真男在追问"近代"时几乎总是将其还原为对"近代性思维"的追问。在他那里，探索"近代"就是研究"近代性思维"是否成熟。

对于"世界史的立场"之哲学家们来说，所谓"近代"乃是作为欧洲世界史而实现的世界秩序。通过欧洲"近代"原理之普遍主义的主张，"近代"这一世界史阶段得以存在。而主张"超克"的也正是这样的"近代"世界秩序，以及支撑这一秩序的文明原理。即使在对日本绝望的竹内好那里，"近代"亦同样是作为欧洲世界史的实现而存在的。不过，竹内好一面追寻"东洋的近代"，一面在不断抵抗着的"自我"中发现近代真正的主体性之形成。不知是否有意，丸山真男把他们主张"超克"的"近代"置换成了"近代性思维"，将他们的主张有意置换为"近代性思维的超克"这一奇妙的语词，然后再来谈其"悲惨与滑稽"。我们在这种有意的置换中，可以看到丸山真男对近代日本的反省式认识结构，或者对"近代"问题的构成方式。在他那种反省式认识中，近代日本成了"近代性思维"未成熟的社会、国家，因而是以扭曲的形态，在没有内发性力量的情况下勉强被动发展的国家。可是，这样的国家却被人们视为可以与西欧发达各国为伍的大国。这个矛盾以国家规模的败局而昭显出来的便是1945年的战败。丸山真男借夏目漱石《从此以后》的主人公话"这和与牛竞争的蛙没有两样，你切腹算了"来嘲弄日本难副一等国地位之实，并赞赏漱石对事实有正确认识和先见之明。

> 这是在明治42年，可以说几乎完整无误地预示了此后日本的发展道路。（日本）要与一等国为伍而十分地焦虑。例如，只在军备方面获得了与其他方面非常不均衡的发展，由此形成了门面不小却没有纵深的日本。人们满脸的神经衰弱表情，疲惫不堪，自私自利，只考虑自己的生活，这种我们眼前所经验到的现象，已然在明治42年经漱石之口而一语道破了。[14]

从如此这般谈论近代日本的丸山真男那反省式的认识来讲，当然会有下面这样的观点：从精神基础上使近代社会得以确立的近代性思维在日本国家还未成熟，（请注意在丸山那里情况也可以说成）即国家、社会是建立在近代合理主义基础上的，而因在这一点上不完整，故而具有非合理性的日本国家、社会之形成，最终所带来的是非合理主义的政治性。日本所策划的战争及其失败，乃是因为在近代性思维上不成熟，并在近代社会的合理性构成上不完善的日本国家所必然导致的政治结果。丸山真男就是在这样的反省式认识上，来把握近代日本特别是昭和时代的日本的。他曾经给战后言论界以巨大冲击的论文《极端国家主义的逻辑与心理》所提示的，就是这样一种理论。

八 日本社会的结构性病理

丸山真男彻底暴露走向战争的日本国家的政治决定过程及权力结构和非合理性病理的论文《极端国家主义的逻辑与心理》[15]，发表于 1946 年刚刚创刊的杂志《世界》5 月号。正如他自己后来解释的那样，这篇论文产生了"连我自己也惊呆了的反响"。其反响，则来自该文揭示秉持极端国家主义而出现的天皇制国家的病理所采取的独特视角。在猛烈批判天皇制国家及其社会意识形态的战后时代里，该论文所采取的揭穿与导致鲁莽战争和悲惨结果的日本国家意志相伴随的非理性及其权力结构和病理的社会心理学视角，以其令人耳目一新的震撼迎来了读者热烈的反响。在此，从政治思想史的语境出发，日本社会的结构性病理得到了鲜明的批判性分析。该论文产生了超出作者预想的反响，其理由也正在于此。可是，当时的读者在欢迎这篇论文的时候，并没有注意到这样的事实：将自己对近代日本国家的视角也不自觉地同化到丸山真男的视角上去了。大胆一点说，这篇论文规定了战后日本社会自我言说的话语原型。而当时高兴地接受了此论文的读者乃至后来的读者，都没有认识到这个事实。

今天，我们有必要认清丸山真男这篇把日本天皇制国家权力结构病理视为日本社会结构性病理来加以揭露的论文之"精彩"的逻辑展开。正是这一逻辑展开，不仅在学术性话语上，而且在解说评论性话语方面，把人们的视线及分析日本社会的视角规定到结构性病理的分析上了。

> 整个国家秩序以绝对价值体的天皇为中心连锁性地构筑起来，自下而上的统治的根据<u>以和天皇的距离为比例</u>，在价值逐渐稀薄化的地方反而难以产<u>生独裁观念</u>。因为，原本的独裁观念以自由的主体意识为前提，可是在这里自上而下却不存在这样的个人。
>
> 而且，这种不具有自由主体意识的个人在其自我良心上没有对行动的制约，只能被更上级者（从而接近终极价值者）所规定，因此发生了代替独裁观念而<u>通过压抑的转嫁保持精神上均衡</u>的现象。这是一个来自上面的压迫感以恣意向下发泄的方式依次转嫁从而维持其整体均衡的体系。可以说，这正是近代日本从封建社会继承下来的最大"遗产"之一。（《极端国家主义的逻辑与心理》）

挑起战争的日本国家权力结构在自上而下的权力行使中缺乏主体意识，丸山真男将此作为天皇制国家特有的病理进行了分析。他后来将此结构性病理称为"不负责任的体系"（《日本的思想》）[16]。不久，这个词成了天皇制国家的同义语而得到广泛使用。进而，他强调日本权力结构中掌权者缺乏主体意识造成了"通过压抑的转嫁保持精神上均衡"的日本特有社会心理。作为"压抑的转嫁"，居上位者按顺序向下位者依仗权威恣意行使暴力，由此得以"保持精神上均衡"的日本式集团病理，在此被有力地揭露出来。

　　我如此探究《极端国家主义的逻辑与心理》的逻辑，为的是观察丸山真男对日本近代国家的反省式批判是怎样从挖掘日本社会结构性病理的视角出发的。或者说，是为了观察对日本近代的反思性叙述在丸山真男那里是如何作为对日本社会病理之追究来叙述的。在丸山真男揭示结构性病理的视角中，竹内好以"什么也不是"的讽刺彻底否定掉的日本近代的不完善和非理性遭到了攻击。

　　然而，当丸山真男如此揭示日本近代社会的病理时，他同时也构筑起了理念型的"近代"[17]。比如在上引文章里，是通过与"以自由的主体意识为前提"的政治权力之理念型的比较，来指出日本权力结构中掌权者主体意识的欠缺的。这里，丸山真男说到了"原本的独裁观念以自由的主体意识为前提"，不过人们一般忌讳把原本的独裁观念的前提——主体意识称为"近代"理念型的。然而，丸山真男毫无顾忌地讲"原本的独裁观念"，还例举了纽伦堡审判中"戈林的大笑"。这一切虽然是对日本未成熟的非理性权力结构和"懦弱"掌权者的尖锐讽刺，在此亦非意识地暴露了丸山理论的欠缺，不期然地落入了逻辑陷阱，即使用"原本的独裁观念"想说的是以近代国家为前提的绝对主权者概念。因为丸山真男是以这个主权概念为理念型概念，所以从其视角所观察到的大概只有在主权概念上不完善、未成熟的日本近代权力结构的病理。与理念型的"近代"同时被构筑起来的，是另一方面关于"日本近代"病理的话语叙述。于是，在丸山真男的视角中反映出来的只有日本近代国家的病理，而以纳粹独裁形式出现的近代国家德意志却从其视角中漏掉了，纳粹独裁只是在不值得称其为独裁的日本权力结构和懦弱掌权者的讽刺性话语中，才得以登场。

　　美国的德国现代政治史研究者杰佛里·哈弗在其著作《保守革

命与现代主义》中是以下面一句话起笔，分析纳粹统治下近代国家德意志的近代主义独特性的。而且，哈弗在该书日文版序言开头也使用了这句话，这对日本近代主义的批判性分析来说是一个有益的暗示。我在追溯从战时到战后日本知识分子的近代认识问题及对"日本近代"认识视角的欠缺而即将结束时，愿意把哈弗提示以往近代认识之欠缺和分析近代主义新视角的这句话，抄录于此。

　　一般普遍的近代性是不存在的。有多样的民族国家，每个民族国家是以各自独特的方式转变为近代性社会的。[18]

第五章
"近代"主义的错误与陷阱
——丸山真男的"近代"

一 投向"近代"的两种视线

作为对自然的命令者，创世神与建构秩序的精神史一样。人化为神的人神同型说，建立在统率现存的主权、支配者的视线以及命令权之上。……启蒙之对待事物的态度，与独裁者对待人的态度没有区别。独裁者了解人类，只限于他要操弄人类的时候。(《启蒙辩证法》)

已经十分清楚了，彼岸之神的作用，也就是此处徂徕学中圣人的作用。要赋予内在于秩序并以其为前提的人类针对秩序的主体性，我们就必须首先排除所有非人格的意识的优越地位，而以下面这样的人格为思维的出发点，即摆脱一切价值判断束缚的自由人格，也即除了以其现实存在本身为终极根据外，不允许有对价值的任何追溯的人格。将这种所谓原初的人格绝对化，乃是在人为秩序思想的确立上不可避免的路径。(《日本政治思想史研究》)

我们就从上引这两段写于第二次世界大战期间的文字开始讨论吧。不用说，前者是从纳粹德国统治下逃亡到美国的霍克海姆和阿多诺所著的《启蒙辩证法》中指控近代启蒙概念的文字[1]，后者则是预感到不久即将应征入伍奔赴战场的年轻政治学学者丸山真男借日本近世思想来谈论走向近代之逻辑理路的文章。[2] 同样是以极权主义统治下试图发动总体战争的国家为背景而反省"近代"的这两篇文章，却显示出某种重大的差异。相比于从规定着"近代"的启蒙理性本身而非眼前不断被强化的国家主义神话来寻求近代理性走向神话之原因的阿多诺等，丸山真男则试图以"近代"国家权力之主体性的理念来对抗威力不断增强的天皇制国家的神话。与从启蒙理性本身寻找一步步退化到野蛮境地的近代理性立场之原因的阿多诺等不同，丸山真男试图以对"近代"的坚守来对抗野蛮的法西斯行径。从这种对比中，我们不是可以清楚地看到丸山等人所展开的近代主义话语的特性吗？这个"近代"主义，乃是把对"近代"的坚守视为反抗法西斯主义的一套话语。在《日本政治思想史研究》的序言中，丸山真男是这样解释其对"近代"的坚守的。

　　　　只要是能够回忆起当时思想状况的人们都会承认，在近代的"超克"与"否定"之声高唱入云的情况下，一个不容否定的事实是，试图去关注明治维新的近代乃至德川社会中近代要素的成熟，这不仅对我本人，包括大多数对法西斯化历史学有强烈抵抗感的人来说，乃是力争维护的立脚点。

　　对于"近代"的坚守，也便是反抗法西斯的"力争维护的立脚点"。可是我注意到，丸山真男在此称坚守"近代"的立场为"对法西斯化历史学"的抵抗。他视主张"'近代'的超克"之历史哲学话语为法西斯主义的鲜明表现。在此种态度中,有一个围绕"近代"的抗争性话语的图式,即在提倡批判和超克"近代"的言行中发现法西斯主义,同时展开与之对抗的拥护"近代"的话语。就是说,要超克和拥护的是同一个"近代"。主张超克的"近代"本身并没有得到追究,在丸山等所怀抱的对于法西斯主义强烈的危机意识即所谓抵抗的话语中,受到拥护的"近代"的概念得以创造出来。这样,以抵抗法西斯主义的强烈意识来拥护某一个"近代"理念,由此暴露和批判近代性未成熟的国家社会之结构性病理的、有关"近代"之新的话语得以确立。这种战争期间于反法西斯主义的抵抗意识中确立起来的"近代"主义话语,后来成了日本战后极具影响力的言说。然而,这个"近代"主义话语在其当初成立过程中就受到了限制,于后来的发展中则不能不遇到错误和陷阱。

二 对"近代性思维"的追问

战败那年的 12 月,丸山真男写了短文《近代性思维》。[3] 该文第二年发表于"文化会议"团体的机关杂志上。在文章中,他表达了自己对战争中主张"近代的超克"的学者、文学家的感慨。

> 我越来越希望能认真考察有关日本近代思维的成熟过程问题,这也是我一直以来在学问上所关注的最为切实的对象。因此,虽然有客观形势上的变化,但我的问题意识没有发生任何改变。然而,近代精神这个概念本身变得相

当引人注目，在我所尊敬的学者、文学家、评论家的口中，仿佛此乃当代各种罪恶之终极根源，或"近代"已是完成了其使命成为过去时代之遗物一般、只有努力超克之才是问题所在那样的言辞，成了这个国家里近年来的时代风气。如果将此与接受了麦克阿瑟将军有关近代文明 ABC 辅导的当代日本加以比较的话，我不能不产生一种悲惨与滑稽相交织的感慨涌上心头的感觉。

好像是在夸示自己痛感日本近代思维不成熟而早就着手其成熟过程之探索的视角有先见之明一般，丸山真男同时痛斥了把日本当作不懂民主之儿童看待的联合国盟军总司令麦克阿瑟和谈论"近代的超克"者的"悲惨与滑稽"。我们且不说丸山真男那种无批判无攻击地对待讲超克近代之人的口吻，这种言论口吻不是已经昭示了其"近代"主义话语的某种特性早已确立起来了吗？接着上面的引文之后，丸山真男继续说道，"不久之后，人们便看到了这样的事实，在我国，近代思维不仅没有被'超克'，甚至还没有获得呢。因此，像我们做近代精神史研究的人，曾经苦口婆心地阐述这一基本命题的必要性"，在战后的状况下却减少了。我们追溯一下上述讲话，就会明白其构成"近代"主义话语的视角了，即视此为"近代的超克"主张的敌对性话语，而要加以拥护和积极的倡导。这一"近代"主张，同时也是对日本"近代"不成熟的指责。此刻，丸山真男把对"近代"的反省基本上还原为对"近代性思维"的追问了。在他那里，追问"近代"成了追问"近代性思维"成熟与否的问题。我将其近代主义的"近代"打上引号，是因为这个"近代"在他的话语构成上乃是一个特殊的概念。

战争期间作为历史哲学话语而展开丸山真男等所敌对的"近代的超克"论的，是在西田几多郎影响下形成的京都学派学者，如高坂正显、高山岩男等。[4]与《文学界》杂志刊载的河上彻太郎主持的座谈会"近代的超克"一起，常常被冠以"臭名昭著"修饰词的另一个座谈会"世界史的立场与日本"，就是这些京都学派学者主办并在杂志《中央公论》上刊出其内容的。这个由主张"世界史的立场"学者们提起的"近代"，乃是指因欧洲世界史扩张而实现的近代世界秩序。所谓"近代史"乃欧洲的世界史，而要对此加以重组的"当代史"立场，则是京都学派所主张的。[5]不用说，这种带有后现代性历史认识的对于近代世界秩序的重组要求，也便是近代日本国家于世界史上实现自我的逻辑。不过，我在这里特意提到主张"世界史的立场"的那些学者的话语，是要表明作为抵抗"近代的超克"论话语的"近代"主义，在对"近代"理解上是怎样与前者有着明显的错位。如上所述，高山岩男等所要超克的"近代"，乃是作为欧洲世界史而实现的近代世界秩序，也是支撑这个世界秩序的文明论原理。可是，不知道丸山真男有意还是无意，他把京都学派要超克的"近代"置换成了"近代性思维"，并强调其"悲惨与滑稽"。然而，在这种置换将反省近代还原为反省近代性思维的过程中，我们可以窥见丸山真男构成"近代"问题的方式以及有关近代日本反思性认识的结构。

在丸山真男的反思性认识中，近代日本乃是"近代性思维"不成熟的，因而也是近代社会性不完全的国家，即走了形的、不具备充分的内发性力量的国家。尽管如此，人们却以为日本是足以与欧美各国为伍的大国。这样的认识落差，由作为象征国家破产的战败而暴露出来。这种对日本近代化缺乏内发性的批判，是与夏目漱石以来的近代知识分子对日本近代深表忧虑的话语谱系连在一起的。丸山真男亦引用过漱石小说《从此以后》中代助表明日本难以自视为一等国的话"这和与牛竞争的蛙没有两样，你切腹算了"，以强调其认识的正确和预言的准确无误。

> 这是在明治 42 年，可以说几乎完整无误地预示了此后日本的发展道路。（日本）要与一等国为伍而十分地焦虑。例如，只在军备方面获得了与其他方面非常不均衡的发展，由此形成了门面不小却没有纵深的日本。人们满脸的神经衰弱表情，疲惫不堪，自私自利，只考虑自己的生活，这种我们眼前所经验到的现象，已然在明治 42 年经漱石之口而一语道破了。[6]

从看到牛蛙竞争悲惨结局的丸山真男的反省性认识来看，结论当然会是这样的：由产生近代社会精神基础的近代性思维之不成熟而来的日本国家社会的确立——我们要注意他下面这种置换的说法——国家社会的建立应以近代性合理的结构为基础，而在这一点上并未成熟也即非理性的日本国家社会的确立，所导致的是非理性的政治性结局。于是，日本所发动的战争及其失败，正是近代性思维也即在近代社会之合理构成上不完全的日本国家的非理性性质必然导致的政治结果。在丸山真男的反思性认识上，近代日本特别是昭和日本就是被这样理解的。而给战后日本言论界以巨大冲击的丸山真男的论文《极端国家主义的逻辑与心理》，则提示了这样一种依据"近代"主义来反省和批判近代日本的话语。

三 日本社会的结构性病理

彻底揭露导致并遂行战争的日本国家政治意志决定过程以及权力构造和行使过程中之非理性与病理的丸山真男论文《极端国家主义的逻辑与心理》[7]，刊载于创刊不久的《世界》杂志 1946 年 5 月号上。正如后来将其收录的《现代政治的思想与行动》一书所做的"追记"中他自己表述的那样，这篇论文"发表之后马上在单页的《朝日新闻》上出现了评论文章，以此为开端产生了连我自己也惊呆了的反响"。这是由于揭露作为极端国家主义社会体制而出现的天皇制国家之病理的该论文所采取的特殊视角。在对天皇制国家及其社会制度进行意识形态批判如决堤一般涌现出来的战后时期，该论文所取的视角，即揭露其遂行无谋之战争而导致悲惨结局的日本国家意志决定与执行中的非理性和日本权力构造中的病理这样一种视角，以新鲜独特的震撼性获得了读者的接受。而且，这里采用了崭新的剖析日本社会构造性病理的社会心理学分析方法。论文获得了远远超出作者自己预想的巨大反响，其原因也正在这里。然而，当时兴奋地接受了该论文的读者们并没有意识到，他们自己观察日本近代国家的视角也受到丸山视角的限定，即从近代社会合理性构成上来观察不完全的日本社会及其构造性病理的视角。更直截了当地讲，兴奋地接受了这篇论文的当时乃至后来的读者并没有意识到，该文规定了观察战后日本社会和文化的自我言说式话语的基本形态。

丸山真男把日本天皇制国家权力结构作为日本社会结构性病理来剖析的这个精彩巧妙的逻辑展开，才是我们现在需要看清楚的地方。正是这个逻辑展开，把人们观察日本社会的视角（不仅包括学术的话语，还包括一般解释性的话语）规定到对结构性病理的分析上去了。

　　整个国家秩序以绝对价值体的天皇为中心连锁性地构筑起来，自下而上的统治的根据以和天皇的距离为比例，在价值逐渐稀薄化的地方反而难以产生独裁观念。因为，本来的独裁观念以自由的主体意识为前提，可是在这里自上而下却不存在这样的个人。

　　而且，这种没有自由主体意识的个人在其自我良心上没有对行动的制约，只能被更上级者（从而接近终极价值者）所规定，因此发生了取代独裁观念而通过转嫁压抑保持其精神上均衡的现象。这是一个来自上面的压迫感以恣意向下面发泄的方式依次转嫁从而维持其整体均衡的体系。可以说，这正是近代日本从封建社会继承下来的最大"遗产"之一。(《极端国家主义的逻辑与心理》)

丸山真男分析道，推进战争的日本近代国家，其权力构造上自上而下地行使权力之主体意识的缺乏，或者权力主体的缺席，是天皇制国家特有的病理。这个天皇制国家的病理，后来又被其称为"不负责任的体系"(《日本的思想》)。从已经把观察天皇制国家结构性病理这一视角通俗化的这部著作的性质来说也属当然，"不负责任的体系"一词作为指涉日本社会结构性病理的词语得到了广泛普及和使用。回到上引的《极端国家主义的逻辑与心理》一文，丸山真男进而强调说，日本权力构造中权力者主体意识的缺席，孕育了"通过转嫁压抑保持其精神上均衡"的日本独特的社会心理。作为"转嫁压抑",从上位者到下位者,依次展开其权威之恣意的暴力行使,由此"精神上均衡"得以保持的日本式集团病理,在此得到了剖析。

如此来看,《极端国家主义的逻辑与心理》这篇论文,其问题不是已然明白了吗?即丸山真男对日本近代的反思性认识是如何被归结为对日本社会的结构性病理的剖析,或者其对日本近代的反思性叙述怎样变成了对日本社会构造性病理的追踪性叙述。[8]这样,以反思来追究的日本近代,在丸山真男那里就成了于剖析结构性病理的视角之下,对其不完全、非理性形态的抨击。

四 "近代"的理念型

剖析日本近代社会的视角,同时以理念型构成其"近代"。例如在刚才引用的《极端国家主义的逻辑与心理》一文中,对日本权力构造中的权力者主体意识之缺乏的批判,亦是通过与"以自由的主体意识为前提"的政治权利之理念型的比较来进行的。尤其是丸山真男所谓"本来的独裁观念以自由的主体意识为前提",将本来的以独裁观念为前提的主体意识称为"近代"的理念型,这是需要谨慎的。然而,他无所顾忌地谈论了"本来的独裁观念",甚至不惜援引纽伦堡审判中的"戈林的大笑"为例。即使这矛头所指在于沉痛地讽刺日本未成熟、非理性的权力结构和"懦弱悲哀"的权力者,然而在此却无意中暴露了丸山真男的逻辑缺陷,不期然地呈现了其逻辑的陷阱。

即便丸山真男是要用"本来的独裁者"来说明作为近代国家确立前提的绝对主权者概念,但以这个主权者概念为理念型的丸山视角所看到的，也只是在主权概念上不完全、未成熟的日本近代权力结构的病理。结果成了一方面是理念型的"近代"构成，另一方面是围绕"日本近代"之病理的话语构成。日本近代国家只是作为社会性病理呈现于丸山视角中，而以纳粹独裁形式出现的近代国家德意志却从他的视角遗漏掉了。丸山真男的话语仅仅成了一种对不配被称为独裁的日本的不完全的权力结构和软弱的权力者的讽刺而已。

如此，丸山真男的"近代"主义话语在构成理念型"近代"的同时，也成为一种分析暴露"日本近代"之病理的言说。然而如本章开头所述，在丸山真男早期的著述活动中，他在战争期间写作的，即发表于战时《国家学会杂志》后来收入战后刊行的《日本政治思想史研究》（1952）中的论文，是先于战后不久问世的《极端国家主义的逻辑与心理》的。两者的关系，可以说在他的"近代"主义话语里正代表着两个侧面。就是说，《日本政治思想史研究》是借荻生徂徕的思想来构筑"近代"或"近代性思维"理念型的一项工作。[9]

如前所述，丸山的"近代"主义确立于对抗极端国家主义占统治地位的时代风潮之中。那时，其"近代"主义采取了与"近代的超克"论相抗争的立场，同时坚守"近代"并阐述"近代"在日本的未成熟状态。前面已经提到他战后不久写作的《近代性思维》，这里我们再次引用一下那段表明战前坚守"近代"的态度而在战后依然延续下来的文字。"我越来越希望能认真考察有关日本近代思维的成熟过程问题，这也是我一直以来学问上所关注的最为切实的对象。"丸山真男在此强调的战后要继续"考察有关日本近代思维的成熟过程问题"，也正是于战时写作的《日本政治思想史研究》

第一、二章的内容。两章旨在考察从作为封建性思维即前近代思维的朱子学内部的解体到荻生徂徕学中近代性思维萌芽的出现。我现在之所以要重估赋予战后思想史研究乃至历史学、社会科学研究以重要方法论基础的这部著作，就是为了阐明其形成的"近代"主义话语的特征。即，要阐明其以怎样的形式把"近代"以及"近代性思维"构筑成理念型，同时试图参与到对日本近代的反思性认识中去的。下面，我们稍微详细地看看《日本政治思想史研究》是怎样阐明"近代性思维的成熟过程"的。

在第一章中，丸山真男试图把"近代"社会的确立作为"公私的对立"或者以这些领域的分裂为前提的思维的确立来加以观察。在此，"公"是作为政治性＝社会性＝对外性的东西，"私"是作为个人的＝内面的东西而构成的概念。丸山真男说："从理念型上来说，我们一般不了解非近代的、更准确地说是前近代的思维所具有的意义。……从而私人领域的解放才是'近代性的'重要标志。"（第一章第二节）近代与前近代社会，依据"公私"的对立或非对立而在理念型上得以构成。因此，他试图在徂徕学中读出"公私的分裂"并确认其"近代性思维"的确立。

在第二章中，丸山真男则依据"自然的秩序"观和"制作的秩序"观这一不同的社会观，在理念型上来构成"前近代"和"近代"社会。在此，他依据滕尼斯"从共同社会走向利益社会"的社会结合类型及其历史推移图式，如"从前作为命运来接受秩序的人，现在已经意识到这些秩序的产生和改革依赖于他的思维和意念。根据秩序而行动的人，现在成了向秩序迈进的人"（第二章第四节）。这样，丸山真男试图在作为性的主体意识形成的过程中，来观察近代性社会观成立的前提。正如本章开篇引用的"彼岸之神的作用，也就是此处徂徕学中圣人的作用"那样，他开始在徂徕的圣人观中发现近代性制作的主体意识之确立。然而，他此处所指陈的"神"乃是把作为近代国家成立的前提而设定的绝对主权者，比附为"全能的主权者、始于无而制定价值秩序"的神。我们注意到，主权者的理念是由比附为"始于无而制作"的神构成的。与制作的秩序观相关联，丸山真男所构筑起来的是比附为"神"的绝对主权者理念。因此，与近代国家的绝对主权性相关联而提到"本来的独裁观念"，这在丸山真男那里并非偶然。

如果这样来看《日本政治思想史研究》中"近代性思维"的理念型构成，就会明白这里的"近代"理念型正是《极端国家主义的逻辑与心理》中成为其剖析日本近代国家结构性病理的视角。该文中，丸山真男强调在不存在形式上的法机构，只存在作为价值实体（国体）的日本国家之下，绝不会保持其自由的内面性。进而，正如我们已经看到的，作为近代国家成立之前提的绝对主权者这一理念，是怎样照出了作为欠缺体的日本近代国家权力结构的病理。

五　什么被发现了，什么未能被发现？

以上，我们观察了丸山真男的"近代"主义话语是以怎样的特质确立起来的。对这一"近代"主义话语的特质及其确立过程的理解，与下面的问题紧密联系在一起，即作为对近代日本之反思性认识的这一话语给我们提供了怎样的视角，它巨大的影响力又如何规定了人们的看法。进而言之，根据这一话语所提供的视角，近代日本的哪些方面被观察到了，哪些方面没有被观察到？身处世界史的巨大转折期的此刻，如果说我们有必要重估丸山真男的"近代"主义话语，那么其关键也就在这一点上。

正如丸山真男多所言及的那样，"近代"主义话语具有作为与"近代的超克"论相抗争的话语而形成的侧面。但是，他并没有去拥护或坚守那个"超克"所言的同一个"近代"。他一面把对"近代"的反思置换为"近代性思维"的成熟与否问题，一面构筑起"近代"主义的话语。"超克"所言及的"近代"，即作为"近代世界秩序"而存在的"近代"，并没有得到追问。近代主义，原本并不具有反思和指控"近代"本身的视角。不过再一想，主张"近代的超克"之历史哲学家们从其自身批判的视角所脱落的，不正是"日本的近代"吗？要求"世界新秩序"的日本逻辑，乃是于世界史中谋求近代国家日本之自我实现的逻辑，这正是后现代主义历史认识所遮蔽并以历史哲学的话语所掩盖的。另一方面，与这种历史哲学相抗争的"近代"主义，亦不具有指控和剖析这个遂行总体战争的日本国家之"近代"的视角。面对发动战争的日本国家，"近代"主义只是将权力结构和权力行使的病理视为日本社会的结构性病理而在自己的言说上描绘出来，如此而已。这真是"近代"主义的错误和深陷其中的陷阱。

第六章
在"隐匿"和"指控"之间
——战争的记忆与战后意识

> 过去（历史）的冲击带来一种"形成"。这本身可能成为反复循环的东西，单一者（自己）无法驾驭的欲望在此发生激烈的运动，反驳过去（压抑者）使其变形，甚至能赋予过去以某种形态，将"心灵装置"回归到最适合的体制去。
>
> ——利奥塔尔《海德格尔与"犹太人"》

一 被隐匿的要求"重述"过去的欲望

所谓"教科书问题"，乃是被隐匿的过去要求被"重述"所引发的事件。虽然以历史教科书通过文部省检定的形式要求对表达、用语的修正乃是来自"重述"过去的要求，可是这种要求却绝不会被正面提出，故在此称其为"被隐匿"的。而且，对这个被藏匿和隐蔽起来的过去的"重述"要求，乃是通过国家教科书检定的行为，换言之是从国家一方发动的。由国家一方所发动的对过去记忆"变形的再生"，要求"重述"过去。建立在此基础上的国家对于过去的这种要求，表面上是以对历史教科书中的表达、用语加以"修改"的方式来实现的。这就是"教科书问题"。

要求"修改"历史教科书的表达、用语，如上所述，这虽然是一种国家行为，却一直被隐匿起来。通过藏匿和隐蔽，国家当事者不仅欺骗他人，也欺骗了自己。藏匿和隐蔽把对过去的"重述"转换成要求"修改"其表达、用语。正因为如此，用语的"修正、改写"明明是建立在国家对过去的"重述"之上的，但面对来自国家外部的非难，当事者们却把问题偷换成对表达方式的"修改"，试图通过对用语的"撤回"而做出了结。

1982 年 6 月 26 日，各大报纸同时报道了这样的新闻：下一年使用的高中教科书将需通过文部省检定，及以高中社会课历史教科书为中心的检定工作将得到进一步加强。《朝日新闻》头版头条登出"向'战前'回归"的醒目标题，《每日新闻》也在头版发表文章《教科书统制将进一步强化》。前者报道说，以往文部省检定时对"宪法""安保""自卫队"等事项检查严格，而这次又对历史上的"天皇""侵略"等战争行为，还有关于对"现体制批判"的记述等态度严格，鲜明地反映出向"战前"回归的浓厚色彩。下面，我们通过《每日新闻》的报道，试看教科书有关日中战争的叙述是怎样受到检查的。

在"日中战争"项目下，对南京大屠杀做了特别严格的检查。教科书调查官强调"被屠杀者的数量用'相当多'来表达怎么样？请不要多次使用强奸、掠夺的字眼儿"。有个出版社在成书前的书稿中写道："占领南京之际，日本军队对大量中国军民施行枪杀、暴行、掠夺、放火，这作为南京大屠杀事件受到国际社会的非难。据悉中国人被害者人数达到了 20 万。"可是，成书出版后的样本里消除了"暴行、掠夺、放火"的字样和受难者的人数，相反，插入了"事件发生的原因在于中国军队的激烈抵抗激怒了损失惨重的日本军"一句，这是对日本军队行为的正当性的强调。[1]

媒体报道说，对有关日本战争行为叙述的检查的目的在于不遗余力地减弱叙述"侵略"行为的调子。在这一点上检定方从具体方面对表达、用语提出彻底"修正、改写"的要求。如将"侵略""苛政""弹压""出兵""压抑"等，改换为"进攻""压政""镇压""派遣驻兵""排除"等。历史教科书检定，正是如此这般要求表达、用语的彻底"修正、改写"的。如果不将"侵略"改写成"进攻"，作为历史教科书就得不到认可。[2] 然而把"侵略"篡改成"进攻"，真的如报纸所说，只是要"不遗余力"地减弱日本"侵略"行为的调子吗？这种对近现代史用语的"修改"要求，绝非仅仅要减弱历史叙述的调子。这是以表达、用语的"修改"来谋求对国家过去行为的"重述"，是在将"侵略"战争改写为"权益防卫"的不得已的军事"进攻"！

有关要求修正日本"侵略"行为记述的教科书检定报道，当然要引起来自中国、韩国的强烈抗议。其转化为外交问题，也正是因为中国、韩国政府看到了检定要求的"修改"乃是日本对过去国家行为的"重述"。可是，这个问题却以如下的方式得到了解决：同年 8 月 26 日，当时的日本政府（铃木内阁）官房长官（宫泽喜一）以"政府负责纠正"的表态，做出暂时的外交解决。也就是说，以"纠正、撤回"了结了此事件。

二　历史的"修正"要求

"教科书问题"因日本国家被隐匿的"重述"过去的要求而引

起，这从最早成为问题发端的"家永教科书裁判"的"指控"开始就得到了证实。所谓"指控"便是对被隐匿的意图之揭示，意在追究试图加以隐匿的责任。"藏匿、隐蔽"引来了"指控"，而诉讼又揭示了什么呢？我们具体看一下要求修正的几处吧。这里，从对家永三郎教科书《新日本史》由古代至战后史一段记述的修改要求中，只举要求修改有关日本对中国战争行为的几处记述，因为国家记忆之"变形的再生"的要求，总是集中在对中国的战争行为上。

一、首先，针对《新日本史》，1962 年"不合格处分"的理由为[3]：

（原书的记述）作为"圣战"被美化，而日军的失败和在战场上的残忍行径全部被隐瞒起来，故大部分国民无从知道真相，被置于不得不热心参与野蛮战争的状况之下。

（不合格的理由）如果要记述"日军的残忍行径"必须也写苏联军队的暴行，还包括美国军队，否则就是片面的记述。

二、在对《新日本史》做出有附加条件的合格决定时所附加的修正要求。

（原书的记述）随着日中战争向太平洋战争的推进，……所有自由的文化活动被叫停，完全变成讴歌战争的军国腔调。特别是报纸、杂志的检查得到强化，有关战况的报道只得依据大本营的传达，因此，国民无法知晓战争的真相，被置于不得不热心参与野蛮战争的状况之下。

（修正要求）站在全球视野上来考虑，如果仅仅要求日本承担责任，那不是太残酷了吗？出于教育上的考虑，希望删除"野蛮"一词。

（第二次修正要求）（因作者拒绝了上一条修正要求）万望删除"野蛮"一词。

三、对《新日本史》的第三次修正、删除要求（1954 年 4 月）。

（原书的记述）照片说明："满洲事变发生。关东军爆破南满铁路，发表时却指称是国民党政府干的，并以此为借口发动了攻击。当时的报纸完全按军部的说法进行报道。"

（修正要求）过分强调了日本的坏处，该书这一立场过于强烈了。

如上所见，通过检定要求"修改"历史教科书的记述，很明显乃是要求对过去的国家战争行为进行"重述"。那么，通过对记述的"改写"怎样来谋求对过去的"重述"呢？教科书检定官再三要求在从"满洲事变"到太平洋战争的所谓日本"十五年战争"中，有关在亚洲的战争行为及其过程的记述，要删除"野蛮的"这一修饰语。以"野蛮的"修饰语来观察战争的历史学家，其立场在于弹劾和追究发动无法正当化的战争行为、导致悲惨事态的战争诱导者的责任，而主张删除"野蛮的"修饰语的检定官所谓的"站在全球视野上来考虑，如果仅仅要求日本承担责任，那不是太残酷了吗"，则强调要免除日本的战争罪责。

围绕"野蛮的"这一修饰语，双方争执的的确是如何看待现代史上日本战争行为的认识问题，就是说战争行为是无法正当化的，还是可以免除责任的呢？然而，这又绝非可以通过公开议论来追究的现代史问题。与他者有深刻关系而遭到追究的现代史上作为日本国家行为的战争问题，在此不是作为有关历史认识的可以公开议论的问题来展开的，而是不得不以国家一方所藏匿的"重述"要求和对其隐匿行为加以"指控"的形式呈现的。这里存在着日本战后体制中被扭曲的言论状况。历史教科书检定一方面把所谓"东京审判史观"推给教科书的编写者，另一方面自己不断隐匿其"反东京审判史观"，通过对教科书的"修改"来谋求对现代史上的日本之"重述"。教科书检定一方认为，现代史上的日本战争行为从"全球视角"来看绝不是应该单方面遭到非难的，借此要求"重提/重述"。然而，这个要求一直被藏匿着不肯公开露面，表面上只是在要求删除修饰语"野蛮的"。关于国家过去战争行为的这种被隐匿的"重述"要求——悄悄的、作为遮断公开性讨论的权力性指令的对历史的"重述"要求，不管是否已表露出来，[4] 本身已是一种不正当的东西了。

以隐匿的"反东京审判史观"而形成的对日本战争行为的"重述"要求强调，在国际上对这种战争行径做单方面的责任追究是不公道的，试图于战争之相互关系中逃脱被单方面规定为"侵略"的命运。也就是说，试图将远东军事审判（东京审判）中根据战胜国、战败国的规定而裁定有罪的日本的战争行为，放在无论哪一方都有战争行为的状况下来重新加以定位。这种被隐匿的"重述"要求，把东京审判所追究的日本战争罪行中最重要一项"南京大屠杀"，并通过它集中体现的日军的残忍行径，置于与战胜国战争行为的残忍行为相同的层次上加以处理。就是说，日军的残忍行为并非显示日本战争特异性（犯罪性）的东西。关于《新日本史》检定不合格的理由，检定官说，如果要记述"日军的残忍行径"，则必须也写苏军的暴行，还包括美国，否则就是片面的记述。

1962 年通过审查《新日本史》所显示的来自国家方面对现代史上的日本的"重述"要求，到了 20 年后的 1982 年，依然采取了把"修改"的要求隐匿起来的形式，露骨地显示了"重述"过去的意图。前面，我们已经通过同年 6 月 26 日的新闻报道，看到这种"重述"是怎样与对表达、用语的"修改"要求一起出现的。这里，我们再来听听编者一方所讲述的检定经过。

涉及对中国及其他国家地区的"侵略"，在草稿写作阶段，出版社方面便鉴于历次检定不可能有获准的余地而提出不要使用的请求。因此，草稿中使用了"进出""侵攻"等词语，所以，检定官并没有提出什么修正意见。……但在作为"南京占领叙述文本的注脚"中，有这样的说明性文字："占领南京之际，日本军队对大量中国军民施行枪杀、暴行、掠夺、放火，这作为南京大屠杀事件受到国际社会的非难。据悉中国人被害者人数达到了 20 万。"对于上述草稿中的这些说明性文字，在检定批示中提出了修改意见，认为事件是在混乱的状况下发生的，难以区别战斗行为与非战斗行为，受难者的数量不清楚。结果，样本改为"占领南京之际，日本军杀害了大量的中国军民，这作为南京大屠杀受到国际社会的非难"。[5]

三 实行隐匿的国家与战后意识

对被藏匿和隐蔽的过去之"重述"要求，孕育出针对这种藏匿的"指控"。可以说，所谓"家永教科书审判"便是对战后成为经济强国的日本在复兴和走向国际社会过程中不断隐匿国家之过去的"重述"要求的"指控"。只要检定历史教科书的行为是一种对要求"重述"的国家意图之补充，或者更确切地说是代表国家意图的话，那么起诉检定的不正当性和非合法性便是对这隐匿意图的"指控"。被隐匿的不正当意图孕育出了"指控"，而绝不是相反。从这个意义上说，"指控者"的正当性总是遭到怀疑。

针对被隐匿的不正当"重述"要求，"指控者"试图以起诉或者以文献记录的方式加以对抗。本多胜一的《中国之旅》乃是为采访日本侵略的受害者中国民众的证言而走访异地的旅行记录，目的在于"指控"国家隐匿过去历史的不正当性。尼克松访华之后，出现了包括日本在内的各国争相与中国恢复或建立邦交的国际性"雪崩现象"，在此时期，本多胜一强调日本对过去保持沉默而匆忙恢复邦交是不合适的，出于新闻记者的责任感，他要揭开被隐匿的过去而计划了此次采访旅行。

在处理日中邦交时，对于曾经侵略过中国的历史，日本方面如果不去追究，不表示出负责任的具体态度而盲目处理，便很难期待有好的进展。日本政府对此在过去26年间，不曾有过一次认真的调查或者公开表态。[6]

这里，本多胜一的"指控"不仅针对日本国家那不正当的沉默，暗中还指责了支撑这种不正当行为的日本国民对历史的忘却，这一点是值得注意的。他说："被害者如果要忘记这一切，那是他们的自由。可是杀戮一方国民的忘却则只能是罪上加罪。"他试图揭去由不正当的隐匿所掩盖起来的过去，将这段历史展现在负有加害罪责的国民面前。

构成该书主体的文章于1971年8月末开始在《朝日新闻》上刊载，它给予我们的巨大冲击至今记忆犹新。对于在战时、战后度过青少年时期的我们这一代，曾听到过亲身参加过战争的有体验者作为"英勇事迹"来讲述的日军在中国的杀人行径。这些有关中国战争的直接或间接体验，应该是某一代以上的日本人战争记忆中的阴暗面。[7]而《中国之旅》对于拥有这种记忆的我们这一代人来说，冲击和震撼难以言表。这不仅仅是中国人证言所传达的残虐行为带来的冲击，同时，也是无意识中被回避的战争记忆阴暗面突然展现在我们眼前所带来的冲击。

《中国之旅》要展现的，正是大多数日本人无意识中回避掉并按压在心底的对中国发动战争的记忆阴暗面。只要我们对此回避并按压于心底，那么就会将过去日本的阴暗面隐匿起来，进而和通过教科书检定来"改写"过去的日本国家历史一起，构筑起同样有罪的战后意识，难道不是这样吗？当然，在此我不是要强调全体忏悔式的日本人罪责性，我的目的只是希望我们对按压住记忆的阴暗面而与过去和解的行为、话语立场保持敏感。这不是说,作为对抗"指控性"的"辩解性"话语,才是我所说要保持敏感的与过去达成和解的话语。很明显,这是"辩解性"话语有意识跟过去和解的话语。如果说,应对此保持敏感的话,如后所述,应该是对其"欺骗修辞法"保持警惕的。我要说的是对反战、和平主义者话语中某种无意识地与过去达成的那种和解保持警惕。即,将自己置于主导战争的军国主义牺牲者位置上的反战、和平主义者们,因把自己定位于牺牲者的位置而无意识地与侵略的历史达成了和解。直白地讲,隐藏对中国战争的阴暗面而要求"改写"日本国家的历史,与一步步和过去达成和解、无意识中忘却过去阴暗面的和平主义式日本国民,两者之间形成了战后意识上的共谋关系。难道不是这样吗?[8]

《中国之旅》是针对隐匿过去的国家和忘却过去的国民之"指控"式的报告书。这种"指控"源自加害一方国家和国民的外部,即被害一方的国民。[9]不过,因为是将报告者的视角定位于被害的国民一边,这又提示我们,《中国之旅》是由"指控的修辞法"构成的报告书。

四 "指控"的修辞法

利奥塔尔提到菲里阿斯的《海德格尔与法西斯》,指出此书从"指控"的立场出发对所寻找的证词文件进行剪辑拼凑,可以说受到一种"指控修辞法"的话语结构所支配。[10]本多胜一的《中国之旅》亦可被称为指控隐藏和忘却加害行为的证词记录,即由"指控修辞法"构成的书。我在此特意由本多胜一的"指控书"说及"指控修辞法",是因为这与分析由此书所引起的对抗性话语即"辩解修辞法"相关联。

《中国之旅》的确揭开了日本人试图压在记忆深处的过去的阴暗面,而给人们以强烈的冲击。这种冲击的余波从正反两面在日本人中间引起了各种各样的反应。对过去进行"辩解"的话语,可以说是这一"指控"引起的消极反应。那么,"指控者"话语在哪方面引起了这种"辩解"话语的反应呢?这一反应又是以怎样的修辞来展开的?我追究《中国之旅》的"指控修辞法"正与此点相关。

本多胜一是这样向中国方面告知《中国之旅》的采访目的的:"要从中国的视角出发搞清楚战争中日军在中国的行为。"他进一步说明:"也是为了从被侵略方面具体了解中国人心中的'军国主义日本'像。"从本多胜一的采访目的可以明确看出,《中国之旅》是从"中国的视角"揭露日军残虐行为的"指控书",其"指控"的矛头指向加害方的隐匿与忘却。从已引用过的"被害者如果要忘记这一切,那是他们的自由。可是杀戮一方国民的忘却则只能是罪上加罪"一句可以看到,为了指控加害一方的国家隐匿和国民忘却行为的犯罪性质,作为"指控者"的本多胜一将自己的视角定位于被害方中国民众的视角上。这是构成"指控书"《中国之旅》的重要视角。

本书"南京"一章中,对南京大屠杀提供证词的,是有直接被害经验的4位中国民众。针对包括"百人斩"(杀人竞赛)传说的"大屠杀"的一般状况,向采访人说明情况的姜姓百姓,当时作为渔民被卷入事件当中,并经历了家属一个个被杀害的悲惨光景。从难民区里被"集体屠杀"的壮丁中死里逃生的陈姓百姓,当时是一个自行车修理铺小工。在南京市外的农村因日军"疯狂的"残杀而失去了7位家人的梅姓百姓,也是农民。还有讲述同在南京郊外的

农村惨遭日军"畜生"般袭击的蔡姓百姓，当时乃是新婚不久的
媳妇。

就是这样，经历了当时事件的有被害体验而从虐杀中幸存下
来的民众，他们所讲述的"南京大屠杀"的证词构成了"大屠杀"
像，展示在加害一方的我们面前。这无疑是作为"指控书"的《中
国之旅》所采取的视角和结构形态。本多胜一通过将自己的视角定
位于被害民众同样的视角上，对"南京大屠杀"进行了艰难的探
访。正因为如此，这里构筑起来的"南京大屠杀"像，乃是本多胜
一所试图达成的"从被侵略方面具体了解到的中国人心中的'军国
主义日本'像"。通过被害者的证词，把烙印在被害人心灵深处的
侵略者、加害者形象推到试图隐匿侵略的过去、忘却加害的历史的
人们面前，正是"指控书"《中国之旅》的企图。我所谓"指控修
辞法"，指的便是本书根据这种企图所形成的结构。

《中国之旅》是依据"指控修辞法"而构成的"指控书"，是以
冲击性证词的分量，又通过将自己的视角定位于被害一方民众的视
角而构成的采访者的"指控的叙述"。这里存在着根据"指控"的
意图来选择证词的修辞法。后来出现对抗性的、要求"重述"的事
件，便和这种"指控修辞法"大有关联。

五 对事件的"重述"

铃木明在《"南京大屠杀"的虚构》[11] 中，最有效地使"南京
大屠杀"虚构化的大概是第二章"向井少尉为何被杀？"中的叙
述。这一章是对被作为"大屠杀"象征性事例而记述的"百人斩"
的"重述"。而使铃木明想到再次探询"事件真相"的，是《中国

之旅》中有关该事件的叙说方法，即通过中国人之口讲述"杀人竞赛"这一残忍事件。这个由中国人所传达的"杀人竞赛"报告，如果只是作为《中国之旅》所提示的被害者中国人心理意象上的"军国主义日本"像，那么这就并非如铃木明所言是什么故意"捏造"的事件报告。如果说，这是 1937 年当时日本新闻记者作为"英勇故事"报道的"杀人竞赛"而在中国人心中烙下强烈的"军国主义日本"的残忍像，那么，它当然是不容否定的被害者心理意象的真实之所在。可是，铃木明故意做出误读的也正在这一点上。

我已说过，《中国之旅》是一部将与中国人证词相关联的、他们心目中的"军国主义日本"像推到忘却过去的加害一方的民众面前的"指控书"。我也指出，根据作者的意图，《中国之旅》是由"指控的叙述"或"指控修辞法"而构成的。不过请不要误解，这个"叙述"是通过被害民众的证词传达烙印于他们心中的心理意象的修辞法。然而，铃木明却在基于被害民众传闻的事件"叙述"中，观察对事实的有意"捏造"，即歪曲。由此，试图挖掘出对抗性的，即从加害一方所述的事实，而进行"重述"。

正如"向井少尉为何被杀？"这一题目所示，铃木明试图将残忍的"杀人竞赛"执行者向井少尉"重述"成无辜遭受死刑的"悲剧"主人公。他要证明，所谓"百人斩"的英雄向井少尉，乃是日本新闻记者捏造出来的假象。家属、熟人的言辞，他本人的遗书，还有律师上诉书等，则是证明材料。然而，对"我向天地神明起誓，根本没有杀害过被俘居民，也根本没有在南京虐杀等罪状"的向井遗书表示"信任"的铃木明，试图证明向井之无罪的采访过程及叙述本身，已经是在把残忍事件的当事者"重述"为"悲剧"主人公了。这里有一种"欺瞒修辞法"，即从"虚构或非虚构"角度来追究"事实"的采访者，已然把采访过程本身所获取的材料作为唯一的"非虚构事实"来叙述了。正是通过这一"欺瞒修辞法"，事件和主人公得到了重述，就是说，向井从"英勇事迹谈"中的残忍军人变成了"悲剧"主人公。

"南京大屠杀虚构"论，正是以这种"欺瞒修辞法"对事件做出的"重述"。将过去阴暗的事件记忆从加害一方作为"悲剧"来"再生"和重述，这是用辩解的方式谋求与记忆阴暗面的和解，是加害者对过去的"重述"。残虐的事件记忆在对"悲剧"的同情中得到化解，而使其"虚构"化了。

铃木明说"除了极少数的例外，关于'南京大屠杀'的记述几乎全部都是外国人写的，或者以中国人的揭发为中心的"。因此，为了了解事件的真相，他最终决定去走访"事件的当事者"。[12]这仿佛是为了解开事件真相而做出的最终选择，然而这是怎样奇妙，或者不如说是怎样具有欺骗性的选择啊！我的意思是说，作为事件的（加害）当事者所讲述的（加害）事实成为采访的最终选择，这具有一种怎样的奇妙性和欺骗性！试想，最终选择大屠杀（Holocaust）的刽子手作为了解残虐行为真相的采访对象，这种采访行动将是一个怎样的欺骗性犯罪行为啊！除了"我们没干，就是这样""具体的情况我已经记不清了"这种回答之外，还会从"事件（加害）当事者"那里打听到什么呢？采访"事件当事者"，这本身就是将事件"虚"化的一种手段。

六 在"隐匿"与"指控"之间

从加害者一方所施"南京事件"的"重述"，始于这种"虚"

化的话语。对事件的"重述"一面对抗着那种用被害者证词揭露对过去的隐匿，一面展开来自加害者一方辩解性的对过去的"重述"。即将事件"重述"为"并非那么大规模的有组织的虐杀，只是伴随普通的战斗行为而发生的事件"。如上所见，这种对"南京事件"的"重述"给"教科书问题"中来自国家方面对过去"重述"的要求，提供了支持和论据。

毫无疑问，将"南京事件""虚"化的话语，是基于"欺瞒修辞法"而对事件进行再隐蔽的话语。如果说已然忘却了自己的责任并加以隐藏乃是犯罪，那么这种继续重新隐匿的话语则是双重的犯罪。不过，在战后 50 年的今天，也即我们要回顾战后和战后意识发展过程的今天，仅仅以追究的视线来面对再次将过去隐匿起来的话语和不断反复的此类话语的犯罪性，是我们所应有的态度吗？如果是以弹劾的视线来对待这种隐匿过去的新话语的反复出现，那么只能再生产出那种"隐匿"与"指控"、"指控"与"辩解"的二元对立，或者由对抗性话语形成封闭性运动的日本战后话语空间。难道不是如此吗？在此我们应当注意，围绕"南京事件"，日本人的记忆中最大的阴暗面所产生的两套相互冲突的故事，以及这种状况所具有的严重性。

战后意识在对"南京事件""隐匿"与"指控"、"指控"与"辩解"这样相互冲突的两个故事之间被主题化，而产生出"指控性叙述"和"辩解性叙述"相互对抗的叙事。我认为这一事态非常严重，我绝不是在怀疑"指控"的正当性，也绝不是在庇护"辩解的欺骗性"。围绕战后意识，我要唤起人们注意的是下面一点：一面隐匿过去、一面要求对其进行"重述"的国家和忘却过去的国民，以同样的犯罪性的方式形成了日本战后意识。如果说这种战后意识产生出了围绕日本人记忆中最大阴暗面的两套相互冲突的故事，那么不论在哪一方面都不存在日本人针对自己的反省性视角。存在于两套相互冲突的故事之间的，恐怕只是独善其身式的日本战后意识。或许，在封闭的话语活动中使自己不断增殖的，也正是这个战后意识。

第七章
被书写者与无法书写者
——历史表象与死者的记忆

一 "被记述者"与"无法记述者"

当初，以"被记述者与无法记述者"为主题，可以预想到要谈论的是历史叙述的文字化和无法文字化的过去，例如民众的记忆，因此当然要请与此主题相称的历史学家来做报告。可是，预想的历史学家却没有找到，故而由我来代行。那么，根据我的理解，这一主题也当然要有相应的变化。

作为"被记述者"，我想思考一下包含文字化历史叙述的各种历史之表象化*问题。在此，还有对过去记忆的各种各样的历史表象化行为。例如，下面要讨论的"纪念馆、纪念碑"的建立，也是与过去记忆相关的重要的历史表象化行为。由于对"被记述者"采取了这样的态度，因而通过历史表象化的种种形态，人们的历史意识将受到质疑。作为"无法记述者"，我想思考一下那些已经完成的历史叙述或被人们所普遍接受的历史表象所遮蔽的，或者被历史

---

* 表象，为哲学、心理学概念。指依靠知觉而映现于意识层面的外在对象之像，包括对象显在化（知觉表象）、记忆再生（记忆表象）和由想象获得的（想象表象）等。历史的表象化，即意味着对于历史事件、认识的再形象化与主题化。——译者

表象的局限所舍弃的过去记忆。我认为，所谓现代史上被质疑的"过去的记忆"，乃是关于由彼岸而来的成为"战争伴侣"的大量死者、牺牲者的记忆。这是从根底上追问现代历史表象化的"过去的记忆"。因此，上述主题，即"被记述者与无法记述者"，对我来说也就变成了"历史表象与死者的记忆"问题。

二 "纪念馆、纪念碑"与历史表象

众所周知，虽然有众多不同的意见和质疑，"战殁者追悼平和祈念馆"（"平和"即中文中的"和平"——译者）的建设方案不仅存在而且正准备付诸实施。值得注意的是，其建设宗旨虽然要强烈地表达日本国民对战殁者的追悼之意，可是，这"平和祈念馆"的构想本身却暴露出国民历史意识的分裂，而在这种情况下得到推进的建设将进一步加深这一分裂。还有，这个"平和祈念馆"的构想是要在国家的全新历史表象下来凝结关于战争导致的死者、牺牲者的记忆，这是从国家立场出发对过去记忆的历史表象化行为。然而，这所谓"国家立场"乃是由坚持对日本的战争行为做修正主义再历史化的人们来谈论的。第二次世界大战以后，有关战争的"纪念馆""纪念行为"，已经不再是把国民集体记忆的历史表象凝结为一个总体的东西了。我这样说，当然是知道曾经有过将国民的历史表象凝结为一个总体的战争"纪念馆""纪念行为"的存在，现在仍然如此。

下面，我们要弄清楚这样的问题。建设"纪念馆""纪念碑"乃是要彰显某一集团的记忆，并把它作为集体记忆而铭刻下来的历史表象化行为。因此，建设追悼作为国家行为之战争的战殁者的

"纪（祈）念馆、纪（祈）念碑"，乃是由国家发出的对战死者记忆的历史表象化行为。而且，如今这种历史表象化的行为试图将国民的战争记忆凝结成一个历史表象的总体，可是结果却反而暴露了国民历史意识的分裂，并进一步促成了这种分裂。这是因为有被"英灵"[1]之名所无法收回或者拒绝收回的大量死者存在，也存在着与这些死者的记忆强固联系在一起的人们。

战争"纪念馆"的仪式活动引发了关于国民集体记忆之历史表象的争论或有关捍卫合理的历史表象的抗议活动，最新的重要例子有 Smithsonian 宇宙航空博物馆举办的"核爆展"问题。米山利萨（米山リサ）指出，当初的"核爆展"计划的确有动摇美国旧军人历史认识的危险，他们认为那是正当的战争行为，于是出现了为捍卫其历史表象而进行的抗议活动。[2]米山这篇颇有深意的论文，是以有关战死者的记忆的历史表象与国家之界限的关系为重要主题的，而我在此则更愿意将这篇论文作为有关战争的纪念馆展示其围绕历史表象化行为的反驳与抗议，也即引起既成的历史表象之捍卫行为的重要案例报告来接受。

不过，现代史上以沉重的形式把战争与牺牲者的"纪念馆、纪念碑"这一历史表象化问题摆在我们面前的，应该是法西斯主义牺牲者的纪念馆和广岛死难者纪念馆、纪念碑。

三 达豪与广岛的纪念馆

1995 年夏天，我造访了位于慕尼黑郊外的达豪集中营遗址。上面的小标题中没有出现奥斯维辛的名字而是达豪，原因也正是如此。这块遗址作为纪念遗址得到修整，其主要建筑物成了博物馆

（正式的名称为"达豪集中营追悼祈念资料馆"）。这是一座整备良好的纪念馆，仿佛"再现了SS'秩序'最初全面实施"[3]的集中营原貌一般。

在达豪纪念博物馆的入口大厅里，有展示纳粹统治下遍布欧洲中部的集中营和犹太人死亡集中营设施的示意图，并用图标在地图上标出了被收容者和牺牲者的国籍。而贯穿由此开始的照片和记录一类展示物的，很明显是追究法西斯主义加害者的视角。在展示达豪集中营实际情况的照片、记录、遗物展出之前，以展品来解说的是德国法西斯主义崛起、其权力建立的过程，纳粹政权确立后的发展趋势，政治和人种上的迫害，集中营设施的建立，最终解决决定的实施和死亡集中营的设立、运行过程，等等。可以说，在此能够看到以实地、实物为背景的文字化的现代史教科书。它十分清晰地表明，所谓战争纪念馆乃是现代史的历史表象化行为。

贯穿于达豪纪念博物馆整个展出物品的，是对加害者主体法西斯主义加以追究的视角，即作为反法西斯战争和解放战争的第二次世界大战史观。因此可以说，这里清晰地反映了以"反法西斯"为原则的战后西德宪法体制。那块立于遗址上的"绝不允许再次（发生）"的碑铭的含义，正是绝不允许法西斯主义这一重大的加害历史再度重演。

说到"绝不允许再次（发生）"的碑铭，我们自然不能不想到广岛。"安息吧，过错不会再让其重演"，这句镌刻在广岛平和纪念公园内核爆死者慰灵碑上的生者誓言，其含义也是不允许过去的重大事态再次发生。可是，这里所宣誓的不许重演的重大过去事态是谁导致的呢？慰灵碑旁有说明建碑旨意的石碑，上面写道："碑文表示所有人祈祷核爆牺牲者安息，宣誓不再重演战争过错。"可是，在面对核爆牺牲者宣誓所有人"不再重演战争过错"而祈愿人类和平的愿望里，这碑文却抹消了"过错"的所在与主体为谁的问题，面对这样的碑文我不能不感到隔阂与错愕。

在和平公园内并非"核爆牺牲者追悼祈念资料馆"而是"广岛平和纪念资料馆"中，我们于核爆被害实际情况的直接展示前，首先看到的是导入部分的解说性展示，它展示了核弹投下之后被毁灭的广岛街市与以前街市情景的全景立体模型，这似乎显示了贯穿此资料馆的立场。可以说，这是一种把所有关注点集中于广岛核爆被害问题上的立场。导致核爆被害的前史性展示，可以说是广岛的近现代史部分。即始于近世广岛藩的城下街市、近代广岛市的起步、之后不久向军都广岛的发展，然后是战争和核爆导致的毁灭、战后的复兴。其中，美国决定向广岛投放原子弹的决策过程以及影响此决定的国际环境等，通过影像资料得到反复说明。纪念馆性质的展示乃是有关过去记忆的历史性表象，因此应该伴随着某种历史倾向性的。然而，贯穿这个"平和纪念资料馆"的倾向性则是"对人类平和的祈念"，这也太普通一般了。[4] 如果想到 8 月 6 日是以"HIROXIMA"（广岛）为象征城市名而揭开的世界反核抗议日，那么把 HIROXIMA 局限于普通的广岛展览背后的思想，对我来说甚至是一种犯罪。在此，没有对挑起战争、拖延战争结束而使国内外人士大量死亡的日本军部及其战前、战时之权力的指控和追究；也没有下面这样的自觉，即作为一个资料中心必须有批判和控诉开发、使用核武器并以垄断核武器为基本战略的某大国和国际政治的责任。问题的根源就在于，那个强调"不再重演过错"而遮蔽了到底是谁之过错的暧昧模糊的"誓言"，把和与重大的过去相关的生者的一切关联都抹消掉了。

四　所谓"纪念碑式历史"

通过达豪"集中营追悼祈念资料馆"和广岛"平和纪念资料馆"的比较，所反映出来的是对于过去沉重记忆的表象化之立场的差异。我并不想继续不厌其烦地谈论日本人对于战争和现代史的自我批判性反思立场如何偏于"被害者意识"的问题。但是，如果说对这个"被害者意识"还有再追究的余地，那也就在于将有关战争的日本人历史表象统一于"唯一的被爆国"这一自我表象上的问题了。也就是，将国民集体记忆统一于这种历史表象所迷失的东西是什么？或者什么被隐匿了？进而，自我欺骗者为何？不过，我不想在此介入这些问题的讨论。不管"加害"的视角、"被害的立场"，还是伴随着历史倾向性即围绕着沉重的对过去的记忆而来的历史表象化，包括达豪和广岛在内，毋宁说存在于此的纪念馆、纪念碑才是我要追究的。而且，达豪或者广岛都是与不可再重演的过去历史有关的纪念馆。

所谓"绝不允许再次"，无论达豪还是广岛，都是幸存者奉献给死去的和无法回收到历史中去的那些人的灵魂的言辞。可是，与"绝不允许再次"的言辞一起，纪念碑和纪念馆被建立起来，这在以往是可能的吗？即使是以追悼牺牲者的意思称其为祈念碑、祈念资料馆，这种对不允许重演的过去饱满情意的纪念碑、纪念馆，在过去可曾有过吗？这纪念碑、纪念馆的存在与同过去纪念碑式的关联，两者之间不是相互矛盾的吗？

尼采在考察"对待生的历史态度"[5]时，举出三种态度即历史表象的方式。第一种是"纪念碑式历史"，即典型的催人模仿和再现过去事例的历史态度；第二种尼采称之为"古董式历史"，即持有尚古崇拜感的历史态度；第三种则是"批判性历史"，即"将过去置于法庭之上加以严厉审问并宣告其有罪"的历史态度。反思生者行为的历史表象为何的尼采，对于追问过去记忆之历史表象的我们来说，是多有启示的。例如，把强调与过去的连续性称为"古董式历史"，尼采的话语何等正确！

> 与追求新事物的感觉正相反，树木拥有根的满足感，它并非偶然地了解到自己，而是作为源于过去的后继者，作为花和果实而生长着，由此自己的现实存在得到被辩护和被上帝认可的幸福感，这正是今日人们喜好讲的那个本来的历史感觉。

要求人们建立起近代民族国家的自我同一性而在人们的意识里所植入的历史意识，就是这样的东西。于是，在追求与过去的连续性这一自我表象中，战死者的记忆也被唤醒了。不过，我在此所获得的重要启示，还在于尼采所说的"纪念碑式历史"。

> 然而，对过去进行纪念碑式的考察，与以往时代之古典和稀有的东西关联在一起，何以对现代人有帮助呢？现代人由此做出推测，曾经存在过的伟大事物可能再一次出现，因此未来有可能再一次出现也说不定。……只要是认为可以模仿而必须作为有再次出现可能的东西来记述，那么过去就会变形错位而被解释得更加美好，这样就难免有走向近乎自由创作的危险。实际上，也确曾有过纪念碑式的过去与神话式的虚构完全不加区别的时代。

尼采在此说的是，所谓对过去的纪念碑式考察，一边把过去作为纪念碑式的事项加以美化，一边对可能再度模仿的东西进行历史性表象。纪念碑或纪念馆背后所有的就是期待着这种过去事项被模仿、被再现，同时对它加以美化，或者将其神话化而加以表象的历史观。战死者纪念碑的建造，乃是为了与近代民族国家的建立一起，期待着国家对战死者牺牲行为的彰显——像对英灵这一为国牺牲者的灵魂一般来祭祀——和这种牺牲行为在国民身上不断再现而予以实施的。于这纪念碑之前祈念的，并非"不再重演"的断绝历史的誓言，而是对成为国家基石的死者遗志的继承和于自身再现这种牺牲行为的誓言。

与"不再重演"的誓言一起，我们必须再度反思死者纪念碑、纪念馆存在的意义，不单是达豪和广岛，还包括更多的战争牺牲者纪念馆。

五 作为"负面遗产"的对于过去历史的表象化

围绕奥斯维辛，"表象的局限"曾经被讨论过。[6] 讨论是通过下面这些问题展开的，即有关"最终解决"的戏剧化局势的出现，或者关于纳粹屠杀犹太人的计划与实行怎样在德国现代史上再历史化的所谓"历史学家之争"[7]，还有大屠杀各种影像的问题等。我认为，围绕奥斯维辛问题，人们所追究的是包括其局限性在内的历史表象化及其本身的意义。

关于德国现代史中如何对纳粹屠杀犹太人计划予以再历史化的修正主义要求背后存在着的"醉心于历史"，尤尔根·柯卡这样解释说：

　　醉心于历史的公共讨论所期待的不再是对自我理解进行启蒙与批判，或者献身于解放事业，而是希望借此寻求民族认同，或者是为了重建历史意义。人们希望寻求一个"共同认可的过去"，以此来使历史成为一种传统，用以强化集体认同，建立共识。[8]（译者按：此处采用逢之、崔博等的译文，见《希特勒，永不消散的阴云？——德国历史学家之争》中文版第126—127页，生活·读书·新知三联书店，2014）

　　对于只有"负面价值"的过去加以修正主义再历史化，乃是与为了"共同认可的过去"而再历史化的要求，即重构德国集体认同的要求连在一起的。所以，评论"历史学家之争"的德米尼克·坎布拉，在观察到德国历史修正主义观点出现背后有右翼民族主义者重新崛起的症候的同时，也指出"这种症候十分明显地体现在为了提供现在德国'积极'或肯定性的认同而希望重写纳粹过去之历史的保守势力一方"。[9]总之可以肯定，对本国的过去再历史化的要求与国家集团认同的强化乃至再构成的要求是同时存在的。而这又与某一集团对过去重大事态之历史的再表象化，即集团认同的再形成直接相关。

　　然而，我这里视为问题的是，对某一集团来说过去完全是"负面遗产"的事态，却要求对其进行历史的表象化。所谓"不再重演"，不正意味着将某一集团的过去事态视为"正面遗产"而宣誓不再继承的决心吗？或者可以说，这是作为"负面遗产"而要永远背负着这个过去的一种决心。然而，把过去作为"正面遗产"来继承，在集团认同的重构过程中，历史才具有意义。换言之，在历史的再表象化过程中，过去成了有意义的一页。通过形成有意义的一页，过去作为"纪念碑"于历史表象化行动中被建立起来。因此才出现了这样的事态，即现代史上要求再历史化的历史修正主义是要让过去的"负面价值"得到漂白清洗，从过去的历史中获取对某集团恰当的意义。

然而，奥斯维辛的死者们无论如何也发现不了其死亡的意义。这大概正是所谓"表象的局限"的本质意义所在。通过历史表象化的行为，是找不到他们的死之意义的位置的。或者，他们的死拒绝被某种历史倾向所回收并加以再叙述。可是，这些无论如何也无法发现其意义的死者，透过历史而一直存在于集团之外，存在于集团那遥远的被遗忘的底层，第二次世界大战难道不是在世界各地导致了大量死者出现吗？广岛、冲绳也是如此。还有日军在中国等亚洲各地残酷杀害的无数民众，或者空袭之下死亡的无数居民。[10] 如何才能发现他们的意义呢？有无数难以被建立纪念碑、纪念馆的国家的集团的历史表象化行为所回收的，或拒绝其回收的死者存在着。而从根本上质疑现代史之历史表象化方式的，正是这些死者的记忆。

这些死者、牺牲者的纪念碑，是"负面"的纪念碑。如果说，所谓纪念碑者乃是在某一集团期待着把过去作为"正面遗产"加以继承和再现的欲望中建立起来的东西，那么，所谓"负面"纪念碑者则是我们把死者拒绝被历史回收的遗志继承下来，同时在拒绝将过去作为"正面遗产"来继承和再现的意志之下所建立起来的东西。因此，"不再重演"应该是"负面"纪念碑的碑铭。进而言之，"不再重演"的誓言应该是存在于对过去再历史化行为之彼岸的某种"负面"历史表象化意志的表现。

作为现代史问题而需要追究的，正是对"负面遗产"的历史表象化。即，我们要对把攀缘于境界线边缘的过去之记忆历史表象化或将其归结为"我们"的记忆之一个历史表象的所有表象化行为加以质疑，动摇支撑这行为的思想，揭露其被历史表象所隐匿的事实，从根本上颠覆将过去与集团之边界一起来谈论的那种历史倾向性。[11]

第八章
"日本民族"概念的知识考古
——"民族""日本民族"概念的确立

这是一个事实，所谓（中国）台湾人，所谓朝鲜人，他们在血统和文化上还没有完全融合同化为日本民族。

——白柳秀湖《日本民族论》

那时候，在倭人之间大概已经萌芽出文化上的同族意识，即民族意识性的东西。

——江上波夫《何谓日本人》

一 所谓考古学解读

在此，我要做的是有关"日本民族"概念的考古学探索。就是说，所谓"日本民族"乃是一个其确立过程必须重新加以考察的概念。不过，我说从考古学上探索其概念的确立，并非要从日本列岛的内外去寻找民族独自的来路。因为，这所谓有关民族之种族文化来源的探索，其学术作业本身实际上正是随着"民族"或"日本民族"概念的确立而同时开始的。或者，也可以反过来讲。原因在于，有关日本民族独自来路的人类学、民族学、语言学或者神话学的考察，正导致了"日本民族"这一现代性概念的强固建立。例如，为纪念东京人类学会创立50周年而编辑的题为"日本民族"

的论文集[1]，正是在昭和 10 年（1935）这一"日本民族"概念催生出重大意义的时期出版的。而民族学者和语言学者等与伪似古代学者一起围绕日本民族的种族文化来源的探索，至今依然在继续。[2]

然而，我如此这般说明"日本民族"概念的确立，本身已经显示了本书所采取的方法和视角。就是说，我要做的是有关"日本民族"概念确立过程的考古学解读。所谓"考古学"，意味着要对产生这一概念的历史性话语的地层加以细查深究。而"解读"，则意味着要分析"日本民族"概念是怎样在此历史性地层中的各种话语之上确立起来的。这种考古学解读，并非要探索日本民族的种族文化之实体性的起源。相反，是要同时对追求其起源的学术志向及其话语本身加以批判性解读。[3]为什么呢？因为所谓"日本民族"就存在于这样的学术志向和话语之上。

"日本民族"，是一个在日本近代史上有着明确的被重构之时期的概念。不仅如此，"民族"本身也是一个在近代史上可以追溯其确立过程的概念。"日本民族"概念确立的时期距今并不遥远，就在比我们早一两辈出生的那些人生活的时代。仿佛给渊源于神话传说的日本国家及其民族之持续性以支撑并提供其根据的这个"日本民族"概念，在日本近代史或更应该说 20 世纪史中，有着明确的诞生痕迹可以追寻。

二 有关概念确立的"时差"

促使"民族"和"日本民族"概念得以确立的日本近代史，始于 19 世纪中叶要求开国通商的欧美先进国家的压力。这种外来压力促成了国内的变革。伴随着明治维新，在先进国家的窥视之下日本迈出了构建现代国家的步伐。对于东亚来说，有着 1840 年（鸦片战争）这一明确时代划分的近代史，其启动意味着东亚和日本因源自欧洲军事力量的压力而被组合到资本主义世界体系当中去。这同时，也是东亚史被组合进欧洲世界史的过程。而日本在欧洲先进国家的觊觎下所采取的近代化战略，则在于如何避免成为从属国的危险而达成作为独立国家的近代化即先进国家化。所谓一国的先进国家化（脱亚入欧），乃是日本采取的近代化基本战略。故日本近代化的起始本身，已经包含了民族主义产生的要素。"一国独立"，乃是日本最重要的国家标语。不过，在明治日本民族主义发生的早期，还没有立刻产生从内部充实新国家的"民族"概念。从语言上表现一国人民的连带的共同性的理念即概念的确立，与作为政治现象的民族主义的诞生之间，存在着"时差"。

但是，这里所说的时差不单指民族主义概念的形成与其现象的产生之间存在着的一般时差，还包括关系到近代日本一国人民之共同性的"nation"观念的形成与落后的日本与之抗争并模仿的先进欧洲各国的"nation"观念之间必然存在着的明显时差。这个时差，不单是先进国家和落后国家之间的历史差异，还包含了西方与东方之欧洲与亚洲间的所有差异。而超越这一时差所展开的近代日本之"nation"概念的构筑，便不能不带有从欧洲转译的性质。[4] 与形成于欧洲的近代词汇相对应的同义词，在日本并不存在。明治时期的翻译乃是一种转译。所谓转译，意味着概念的移植。概念的移植，作为异乡他土的东西，其中自然已经包含了变异。与日本人之一国同一性相关联的"民族"概念，同时伴随着对欧洲的模仿与抵抗这样两义的契机，超越上述的时差而最终确立于 20 世纪的近代日本。

三 辞典中的"民族"

我们来看一下近代日本国语辞典中"民族"一词的成立情况。近代国语辞典的编撰乃是对一国语言之公共性的确定,同时也是将当代语言中使用的语汇作为"国语"而对其公共性运用加以认定的工作。因此可以说,只有被收入国语辞典,词语的公共性才能得到肯定。[5] 我这里主要参照的是明治时期有代表性的国语辞典《言海》[6]（1889—1891 年刊行）,和经过长期修订增补而形成于昭和时期的《大言海》[7]（1931—1937 年刊行）。首先来看《大言海》中"民族"词条的解说:

> "民族"即人民的种族。表示基于使国家得以成立的人民之语言、习俗、精神感情、历史等共同基础上的团结。有由不同人种合成的,也有一个人种分成不同民族的。

这里,首先是用"人民的种族"说明"民族"这一汉语词汇的来源。所谓"民族",即由"人民"和"种族"合成的词汇。作为"民族"同义词的"民种"大概也是源自同样的构词法。这个作为"人民的种族"之"民族"的形成和使用,当然一般认为可以追溯到《大言海》刊行前 40 年的明治中期,即《言海》出版的时候。但是,受命于明治政府而由大槻文彦于明治 8 年（1875）开始编撰的《言海》中,"民族"和"民种"还都没有收录。我们虽然可以找到带有"民"字的"民权"、"民选"和"民事"等近代政治、法律用语,但没有"民族"。"民族"一词,直到《言海》编撰完成的明治 19 年（1886）,恐怕还没有作为公共使用的国语词而得到认定。了解到《言海》的这一情况，促成了我对有关"民族"概念的考古学探索。另外，《言海》中有"人种"一项，其解释为"人的种族，即以人的骨骼、肤色、语言等为大致的类别，而将世界的人民分为若干类别的称谓"。就是说，人类学上对人种差异的关注，这样的视线在近代日本很早就有了，故"人种"概念已经进入辞书中。由此看来，"人民的种族"这一"民族"概念的形成大概与"人种"概念的形成不会相隔多长时间的。或者在《言海》刊行的时候，作为"人民的种族"之"民族"已经出现也说不定。我们看明治42年（1909）发行的《日本品词辞典》[8]，其"名词"目录中就已经有了"民族"，其同义词则为"民种"。明治末年到大正初年刊行的国语辞典和汉和辞典大都收有表示"人民的种族"之意的"民族"一词。

回到《大言海》，在提到作为"人民的种族"之"民族"一词的形成之后，则加上了"表示基于使国家得以成立的人民之语言、习俗、精神感情、历史等共同基础上的团结"这样的解说。这无疑宣告了与"人民的种族"之人种概念不同的另一新的"民族"概念的出现。这一解说告诉我们，在单一的政治共同体中作为联结历史文化和故国的所有文化、政治之纽带的"nation"概念[9]，通过"民族"一词获得了重构。安东尼·斯密斯在讲到民族同一性之西欧模型时，所提到的由"共同之历史记忆、神话、象征、传统"所结成的作为文化共同体之"nation"概念[10]，如今转换成了日本的"民族"一词。我们可以说，《大言海》编撰刊行的1925至1930年末的时期，乃是享有共同的神话、语言和历史记忆的日本人这一"民族"概念，即"日本民族"概念作为支撑日本帝国的理念而被构成的时代。[11]

然而，这并不意味着作为"人民的种族"之种族文化的"民族"概念，被置换成了文化共同体上的"民族"概念。毋宁说，它是基于日本人对"民族"更清楚的同一性自觉和区别于他民族的差异化要求而产生的。这种自觉和要求，催生了既是民族的也是文化的"日本民族"概念的诞生。

四 "民族"概念的转换性确立

马克思主义体系的政治学学者铃木安藏对近代日本"民族"概念的确立做过重要的考察。那是在昭和 18 年（1943）于战争期间刊行的丛书"民族科学大系"《日本民族论》[12] 一册所收的论文中。我们先看太平洋战争这一时期刊行的"民族科学大系"丛书。执笔者有铃木安藏这样的马克思主义系统的社会科学家和长谷川如是闲等自由主义论者，还包括伪装的民族主义文学家小林秀雄、浅野晃等。丛书的刊行宗旨是：

> 生于民族的世纪之我等，以迈向世界秩序之建设为使命。我等在新秩序建设的途中，有必要重新认识民族问题，并期待着政策上的正确无误。本大系旨在从新的观点出发对民族所呈现的一切问题加以解说。

这段文字清楚表明了集民族问题之大成的这套丛书，是在怎样的时代认识之下出版的。参与丛书编撰的人们，将他们所生存的时代视为"民族的世纪"，而新的"世界秩序的建设"，则是赋予生存在这个时代的日本人的使命。所谓新的"世界秩序的建设"，乃是

作为亚洲之盟主而要求重组世界的日本帝国所标举的口号。建立
"东亚新秩序"，便是为在中国大陆推行战争而提出的目的理念。由
这个"世界秩序的建设"理念所导致的战争发生，正是应"民族的
世纪"之时代要求而产生的日本民族使命。我们从上述这段话可以
看到，"民族"是在怎样的时代成为世纪的问题的。"日本民族"概
念的确立和在亚洲日本帝国发动的战争之间，在时间上只有微小的
偏差，或者可以说几乎是同时发生的。这一点，将在后面讨论。

　　铃木安藏在考察明治前期日本民族主义的发展与"民族"概念
的确立时，关于"nation"概念的翻译有重要的发现。的确，很难
说进入明治 20 年代时作为"nation"的"民族"概念已经形成，但
是，这一时期有关"nation"的政治学概念在日本也不是一点儿没
有介绍，铃木安藏就列举了一系列翻译的例子。正如本章开头所
述，近代化落后的日本其政治、社会和学术上的近代用语基本上来
自从先进欧洲的移植，在这个意义上讲，翻译对明治日本实在意义
重大。铃木安藏所举的翻译例子有德国政治学家约翰·卡斯帕·布
隆奇利（Johan Kaspar Bluntschli）的《国家论》和受聘于东京大学
的同样是德国政治学家的卡尔·拉特根（Karl Rathgen）的《政治
学》（上卷"国家编"）。[13] 前者的《国家论》第二卷"国民及国土"
中的"族民 Nation"和"国民 Volk"定义部分，日译者是这样翻
译的：

　　　　族民与种族同指一定数量的民众，国民指居住于同一
　　国土上一定数量的民众。故一族民可能分裂为多个国家，
　　一国家可能拥有数种族民，然而国民则不同。

而后者的《政治学》第三章"社会要素"中，其论述"族民"和"国民"的段落是这样翻译的：

> 族民与国民名义相似而意义则不同。族民指称同一种族之一定数量的民众，国民则指称居住于同一国内之一定数量的民众。族民有人种学上的意义而无法人的资格，国民则拥有法律上的意义及法人资格。

两者都称"nation"为"种族相同之一定数量的民众"，并翻译成"族民"。值得我们注意的是，这里"nation"被定义为与"人种"概念密切关联的种族概念，并用"族民"来翻译。拉特根早就以"拥有人种学上之意义"来规定"族民"了。因此可以说，视"人民的种族"为"民族"的明治日本其种族性"民族"概念源自德国系统的政治学上的"民族"概念谱系。

霍布斯鲍姆在记述 1870 年至 1918 年的欧洲民族主义的发展变化时，强调"种族文化和语言具有了使 nation 得以形成的核心意涵，并渐渐成为决定性的乃至唯一的标准"。[14] 席卷 19 世纪后期欧洲的这一种族文化上的"民族"概念，与民族主义思潮一起被移植到了近代国家建设时期的明治日本。另一方面，布隆奇利和拉特根的祖国德国，则是在 1871 年（明治 4 年）统一为以普鲁士为盟主的德意志帝国。同一年，意大利也作为近代统一国家获得重建。欧洲这两个后进国家带着与先进资本主义国家相对抗的意识，试图将自己建设成统一的民族国家。1871 年德意志帝国的确立，也便意味着欧洲新的霸权国家的出现。而世界史进入帝国主义国家间激烈角逐的时代，其时期就在稍后的 19 世纪 80 年代。"民族主义"乃是这一时期欧洲的发明。

后进国家日本经过明治维新急速走向近代国家的建构，也是在19世纪后期。霍布斯鲍姆所划分的世界史上的1870年至1918年，用日本的年号来表示则为明治3年至大正7年。这正是落后的日本要达成先进国家化的时期。而日本的近代国家建设，则是以欧洲新的霸权国家德国为范型的。不仅帝国宪法，包括日本的"民族"概念也是按德国的方式重构的。此时，日本人正试图以德国式的"民族"概念来为同种族之"民族国家"日本确立基础。铃木安藏在引用这些翻译例证的同时强调，"民族、国民等概念规定，作为血缘共同说上的民族概念，经过对德国学者各种学说的介绍而渐渐成为我国的学说基础"。

五 国粹主义"日本"

明治21年（1888），三宅雪岭、志贺重昂、杉浦重刚等为批判明治政府的欧化主义政策而结成国粹主义言论团体政教社。他们发行杂志《日本人》，与陆羯南的新闻报纸《日本》一起强有力地发展了明治中期日本民族主义的话语。与政教社对立的德富苏峰民友社系统的《国民新闻》记者山路爱山认为，政教社系统的话语虽然"保守反动"，但却是"国民意识自觉的一种现象"，其民族主义话语的来源在于19世纪后期欧洲各国的国民运动。"他们以明治4年的德国统一为思想史的地标，呼吸着那前后出现的欧洲各国国民运动的精神气息。"[15]山路爱山准确把握到了19世纪后期欧洲民族主义被移植到明治中期的日本这一动向。志贺重昂的国粹主义的"日本"主张，还有三宅雪岭人种主义式的"日本人"论，都是从19

世纪后期世界史上的日本所发出的言论。正所谓，一国主义之话语民族主义亦具有世界史的语境。

志贺重昂是这样盛赞自己的"国粹保存"立场的："然我日本亦应以国粹为精神、为骨骼，以此作为大和民族当下未来之改良标准，而输入他国之优点妙处，于此开创所谓'日本之开化'，岂不是一大快活事业乎。"[16] 追问"何谓日本人"的三宅雪岭，则试图通过对本质、特性和能力的认识，来阐明人类史上日本人应该履行的使命。这里，我们看一下三宅雪岭以人种概念为前提来讲述日本人使命的言辞吧。"日本人即所谓蒙古人种"，他首先从人种学上做出自我规定，然后，展开其蒙古种即日本人对抗欧洲雅利安人种的话语：

> 19 世纪正将结束。雅利安人种之好运亦将穷尽。他们如今孜孜不倦地执着于东洋问题，亦正将唤醒昏睡之蒙古人种，赋予其重大使命，而与雅利安人一道寻求其世界大同之根本。[17]

三宅雪岭强调，在 19 世纪即将结束的时刻，雅利安人种即欧洲人的好运也将终结。他们忙于对亚洲的经营策划，但这种经营策划反而促使蒙古人种即日本人的觉醒，而觉悟到自己的使命，并使日本人开始与欧洲人竞争，努力谋求对世界大同的终极解决。三宅雪岭以人种论之民族主义话语描绘出来的，是与 19 世纪后期进入帝国主义时代的欧洲对亚洲的经营策划相对抗的亚洲新兴国家日本的位置。就是说，19 世纪后期欧洲政治图景中的新兴帝国德国的位置，随着其民族主义一起被移植到了亚洲新兴帝国日本的身上来。这种以此种族学上的"民族"为前提的新兴日本的民族主义，构成了后进国家日本的"骨骼"，即"日本"和"日本人"的同一性。志贺重昂最早描绘出了作为地理景观的"日本"[18]，而三宅雪岭则是以《真善美日本人》最早提出"日本人"论的作者。

六 "日本民族"概念的确立

志贺重昂和三宅雪岭等政教社同人于明治 21 年（1888）创刊的杂志《日本人》，因明治政府的压制而几经停刊与复刊，明治 28 年（1895）停刊之后经过十余年，又在明治 40 年（1907）以三宅雪岭为中心而改组重刊为《日本及日本人》。这个《日本及日本人》，中间虽经关东大地震而临时休刊，但一直持续到太平洋战争已然败色渐浓的昭和 19 年（1944）。因此，《日本人》及其后续的《日本及日本人》，作为从 1888 年到 1944 年这一时期，即日本帝国由确立到兴隆再到最后遭受挫折的那个时期日本民族主义的重要证言人，具有特殊的意义。

2006 年 1 月，我在国会图书馆翻阅了《日本人》和《日本及日本人》从创刊号开始的所有目录，试图追寻日本民族主义话语的变化发展过程。[19] 我原以为，至少在 20 世纪复刊的《日本及日本人》的目录上应该泛滥着"民族"和"日本民族"的字眼。但是，我的预想落空了。这本有 40 年刊行历史的杂志上虽然有关于日本民族主义之各种表现的标题，但"民族"尤其是"日本民族"字眼在昭和初年以前几乎没有反映在文章的标题上。[20] 而到了昭和 4 年（1929），几乎是突然地在该杂志目录的文章标题上出现了"民族"和"日本民族"的巨大字样。

昭和 4 年（1929）出刊的《日本及日本人》第 188 号，封面标出的是"进军世界号"，有"日本民族的个性与其使命""大东联合与日本的使命"等"主张"的提出，并罗列了《民族乃精神的种子》（日高琼琼彦）、《颠覆世界兴亡原则的日本民族》（斋藤弔花）、《天孙民族的南美进出》（伊藤米一）、《首先觉醒于我国之性质》（佐藤清胜）等论文。进而，次年即昭和 5 年（1930）5 月的第 202 号则为"日本民族及其文化研究"专辑，由《民族原理》（日高琼琼彦）和《日本固有文化的渊源》（樋口喜一）等论文所构成。这个以唐突的形式出现于昭和初期的《日本及日本人》的标题上和杂志中的"民族"概念，已经不再仅仅是种族上的词语。这里醒目地附加了《大言海》所谓的"表示基于使国家得以成立的人民之语言、习俗、精神感情、历史等共同基础上的团结"的"民族"，即具有历史文化上的同一性而结为人类集团的"民族"意涵，从而重构为具有优越性之差异化的种族概念"日本民族"，以至于日本人的"民族"得以存在。这个"民族"共同拥有日本神话且继承了以此神话为起源的值得自豪的皇统连续性历史，并共享对王朝文化的憧憬之念。而为这个"日本民族"据有优越性的差异化提供逻辑和素材的，是与此概念同时形成的日本神道史和日本精神史以及日本文化史等昭和时期的学术性话语。[21] 从 1925 年到 20 世纪 40 年代这个昭和前期的时代，在从学术上重构本国精神和文化传统的同时，"日本民族"的概念也得以确立。

七 "日本民族"概念的二重化

日本的昭和前期，是接连发生"满洲事变"（1931）、"日中战争"（1937）和太平洋战争（1941）的十五年对外紧张的时代，即日本帝国要求重组欧美世界秩序、在亚洲努力谋求其帝国版图的时代。以日本为指导性国家的亚洲新秩序的建立，乃是帝国日本贯穿昭和十五年战争而未曾放弃的理念乃至目的。而经由这个帝国日本重构的"民族"概念，即作为亚洲指导性国家日本的优越性差异化的"民族"概念，也便是"日本民族"的概念。使"日本民族"概念得以确立的，就是与十五年战争一起开始的昭和时代。

这个"日本民族"，进而基于王权神话重构为"天孙民族"。或者应该说，"日本民族"概念又于其内部催生出了作为本源性民族的"天孙民族"的概念。"天孙民族"才是昭和法西斯时期的天皇制国家日本制造出来的神话式"民族"概念。《大言海》解释说，这是与天上之神的神话谱系相连的天皇所统治的"使日本国家得以确立的核心民族"，神话传说中的从天上之神国（高天原）移居到日本列岛（大八洲）的民族为"天孙民族（大和民族）"。在辞典中阐明新的文化共同体上"民族"概念的《大言海》，同时也强调了"天孙民族"的意义，这正说明了此乃昭和前期出现的国语辞典。所谓"天孙民族"乃是相对于日本帝国所领属的新国民即日本以外的居民而言的，是以神话式的"民族"概念指称本土居民从而成为优越性差异化的概念。白柳秀湖所谓"这是一个事实，所谓（中国）台湾人，所谓朝鲜人，他们在血统和文化上还没有完全融合同化为日本民族"，强调的正是"天孙民族"居于日本民族的中心地位。

　　成为日本民族核心和中枢的民种，当然必须是高天原民种即天孙民种。高天原民种不久将成为原日本人。在此，高天原民种来自何处，高天原存在于何方，则成为问题的所在。[22]

这里，"日本民族"被以同心圆的形式二重化了，其中心的圆内是"天孙民族"。这正是对应着包括（中国）台湾、朝鲜乃至中国"满洲"在内的日本帝国之确立而对"日本民族"概念进行的二重化。同化的日本人对固有的日本人，这一区别要求作为原日本民族的"天孙民族"概念的出现。

1945年日本帝国的战败和挫折，致使被二重化的"日本民族"概念也随帝国的消灭而消灭。对于日本人来说，所谓帝国的体验便是在统治与从属关系上以同化的方式去包摄他语言、他民族的体验。日本人所经历的"本土—外地"这一帝国版图上的体验，也便是关于国土、民族乃至语言之"内部—外部"这一意识的二重化体验。一面要包摄外部，一面又要让外部仍然继续作为外部而存在，这就必须使内部获得尊严和绝对化，此乃帝国日本人在意识和话语上所做的：国土之中有原国土，国语之中有原国语，民族之中则有原民族存在。

帝国的挫败使这种二重化意识挫败了吗？战后再次大国化的日本，一面改变着这种二重化，一面又再生着这种二重化。置"国语"于死地，却未必使"日本语"得以诞生。[23]内部"国语"和外部"日本语"的并存，则毫不隐晦地说明了当今日本的二重性。历史重估论，正是内部"日本"固执的再生要求之反映。对于战后日本民族主义的批判性解读，乃是我们要承担的实践性课题。

第九章
"民族国家"的伦理学建构（一）
——和辻哲郎：从 ethics 到伦理

> 我们需要摆脱单纯视伦理为"个人意志"问题的谬误。
>
> ——和辻哲郎《伦理学》序论

一 先有"伦理学"

始于明治维新的近代日本，先有"伦理学"的出现。就是说，在有"伦理问题"之前，就有了"伦理学"。这个"伦理学"，乃是作为 ethics 之译语的学术概念，即形成于近代欧洲的伦理学。当我说先有"伦理学"之际，并不是要追问"伦理"这一词语在汉学的传统中是否早已存在。我所说的，不过是新译语"伦理学"在词语形成的前提上早已有了"伦理"一词。这和近代"政治学"（politics）在词语形成的前提上"政治"这一词语早已存在于汉学传统中一样。首先，"伦理学"是作为 ethics 的译语而形成的。井上哲次郎等编撰的《哲学字汇》[1] 收录了作为 ethics 译语的"伦理学"，这可以说意味着近代伦理学在日本的确立。顺便一提，《哲学字汇》也收录了作为 politics 译语的"政治学"一词。

在近代日本，首先确立起来的是这个伦理学。紧接着出版的井上圆了所著的教科书《伦理摘要》[2] 则解释说："伦理学即 ethics 乃是讨论善恶标准和道德规则、指导人的行为举动的学

169

问。"Ethics 这一近代学术概念输入日本，由此提示并构成了伦理问题，即近代社会里成为人们善恶规矩的是什么、何者当为何者不可为的问题。总之，在近代日本并不是预先就有了伦理问题，而是先有伦理学，其后这伦理学构成了伦理问题，并准备了答案。落后的近代国家日本，在其近代性学术确立的过程中，多少都难免伴随着这样的同类情况。例如，通过近代政治学和国家学的导入，近代国家的政治问题被构造出来。当然，有权力存在的地方就总有政治问题。但是，这与近代国家的政治问题还是有区别的。此乃近代国家要求的政治问题。即，新的主权国家、法治国家乃至作为民族国家的近代日本所要求的政治问题。这样来看，近代国家学、政治学的导入构成了近代日本的政治问题，就比较好理解了。

本来，明治初期的日本社会也并不是没有道德问题。伴随着维新而产生巨大的社会变动，造成了日本社会道德上的空白。但是，伦理学所构成并准备了解答的并不是这样的伦理问题，而是成为近代市民社会的规范性根本乃至市民行动规范的伦理问题。在市民社会还未确立的日本，近代伦理学首先教会了我们什么是市民社会的伦理问题。近代日本，首先必须拥有伦理学。伦理学先于伦理问题而出现，政治学和宗教学则先于政治和宗教问题而确立起来，这是近代日本学术一贯的性格。伦理学的这种先在性，从根本上规定了日本学术上的伦理学。帝国大学的伦理学科虽然是欧美伦理学说输入的现场，却并非具有回答日本社会伦理问题之责任的学术场域。[3]对于这种伦理学的存在状态最早表示质疑的，是明治时期的保守派学者们。

二 国民道德的需要

的确，与明治维新的变革一起产生于日本社会的是道德的空白。或者，可以称为道德的危机。由此，出现了源自各种立场的道德说教复兴和增进的话语。福泽谕吉在《文明论概略》中就强调："世上如无德政，犹如暗夜无灯，就无从辨别事物的方向。……德教犹如寒暑，而文明犹如寒暑表，前者一有变化，后者立即起反应，道德增长一分，文明也随着上升一度云云。他们为不德而悲叹，为不善而忧伤，或主张应容纳耶稣教，有主张恢复业已衰微的神道，或主张广推佛教，等等，儒家有儒家的说法，国学家又有国学家的论调，众说纷纭，莫衷一是，其忧伤焦虑情况，有如水火之即将波及家门，真是狼狈不堪！"[4]（译者按：此处采用北京编译社的译文，见《文明论概略》中文版第 88 页，北京：商务印书馆，2007）

针对日本向文明社会急速转向而导致的社会道德空白，抱有强烈危机感的不仅仅是保守的汉学家或国粹论者，福泽谕吉的朋友，明六社里的同人中亦大有人在。其中之一的西村茂树，早在明治 9年（1876）就设立了日本弘道会的前身——修身学社。著有《日本道德论》[5]并发动国民道德运动的西村茂树，带着强烈的危机意识所看到的正是这个道德的空白。他针对明治日本，称其为丧失了道德标准的特殊国家。"我国成了世界中的某种特殊国家。即世界上无论哪个国家，都必须以人间的内外宗教来维持道德，而只有我国则道德标准者已然丧失。"西村茂树进而说：

　　　　至其后则有倡导耶稣教者或讲究西国道德之学者，然耶稣教极力攻击佛教者，道德学则仅成为学士们之嗜好，均无以成为全国公共之教。要之，封建时代以儒教为公共之教，政府人民皆以此为标准，然王政维新至今公共之教皆无，国民道德标准不曾确定。

要求于明治日本的是"全国公共之教""国民道德标准"。然而，帝国大学学士们的道德学，即伦理学，回应了这样的要求吗？西村茂树带着非常冷淡的语调给出了否定的回答。这不过是"学士们之嗜好"而已，真可谓对帝国大学的新学即伦理学的猛烈讽刺。的确，大学里的伦理学乃是为如今正在逐步形成的近代社会准备的伦理学理论，但并非填补国家道德空白、养成国民道德的东西。不过，为了回应国民道德的要求而随着《教育敕语》（明治23年，1890）的发布，帝国大学的伦理学教授被赋予了新的课题和任务，即根据《教育敕语》的主旨讲说国民道德论。最早著有《敕语衍义》[6]的井上哲次郎作为代表性的讲说者，其国民道德论不久便在明治末年成为高等学校、师范学校的必修科目，以及中等教育的考试科目。帝国大学和高等师范的伦理学教授，则在讲授伦理学的同时开设国民道德论课。[7]教育体系中的国民道德论的确立，也使伦理学发生了变质。或者应该说，国民道德论逐渐渗透到伦理学当中。因为，同一个教授一方面讲授伦理学，另一方面又要上国民道德论的课，这也成为理所当然。就是说，近代市民社会的伦理学渐渐变质为近代民族国家日本的伦理学。

三 从"ethics"到"伦理"

大西祝说"伦理学可谓于道德判断上考究其行为，或于行为上考究其道德判断"，[8] 此刻的伦理学乃是 ethics。"伦理"或"伦理学"，是作为 ethics 的汉语翻译而确立于明治日本的概念。而在与大西祝如此定义伦理学同时期的明治 30 年代，元良勇次郎则强调"伦理学是考究人伦之理，且研究实行之方法的学问"。[9] 那么，这里所说的伦理学，结果与大西祝的伦理学是同一个吗？在元良勇次郎那里，"伦理"不是已经换言之为"人伦之理"了吗？作为"人伦之理"的"伦理"乃是儒家传统概念中的"伦理"。元良勇次郎所讲说的伦理学，让人感到好像是刚刚确立的作为近代学术的伦理学似的，但实际上却是用儒家式伦理学概念重构的。这里所谓近代的，就在于那是为回应近代日本的国家要求而产生的伦理说教。元良勇次郎为中等教育编撰的教材《伦理讲话》，已经把伦理分节为家族伦理、社会伦理、国家伦理了。

井上哲次郎等将 ethics 的译语确定为"伦理学"，而没有采用"道德学"或"修身学"。这时，在 ethics 译语"伦理"的根底里便埋藏下了儒家传统的伦理之意义。然而，以《教育敕语》的发布为契机试图呼应建立国民道德之明治国家的要求，伦理学学者们却要把 ethics 根底里埋藏着的儒家传统伦理剔除出去。但是，ethics 根底里包含着儒家传统的伦理，而并非单纯的儒家概念的复古性再生。毋宁说，是用儒家概念对"伦理"的近代性重构。以充足的方法论意识和思想准备来实行这个重构工作的，乃是昭和时代的伦理学家和辻哲郎。

《古寺巡礼》（大正 8 年，1919）和《日本古代文化》（大正 9 年，1920）的作者和辻哲郎，应西田几多郎的邀请赴任京都帝国大学伦理学副教授，是在大正 14 年（1925）他 36 岁的时候。他后来于昭和 2 年（1927）留学德国，次年曾在意大利度过三个月时光。

驻留德国期间，他了解到了海德格尔的《存在与时间》（1927 年发表）。昭和 6 年（1931），伴随着京大伦理学教授藤井健治郎的去世，和辻哲郎晋升为伦理学讲座教授；三年后的昭和 9 年（1934）7 月，又被任命为东京帝国大学伦理学教授。在此之前的同年 3 月，其《作为人间之学的伦理学》由岩波书店出版。据说，该书的出版成了东京帝国大学教授和辻哲郎的登场亮相之作。我在这里比较详细地介绍和辻哲郎的经历，目的在于确认这位以《作为人间之学的伦理学》使近代日本国家的伦理学得以诞生同时也刻下了墓志铭的伦理学家登上舞台时的时代背景。

不过，这本《作为人间之学的伦理学》的原型，乃是为昭和 6 年岩波讲座《哲学》撰写的《伦理学——作为人间之学的伦理学之意义及其方法》[10] 一文。在这篇论文中，有关 ethics 译语的"伦理学"，他这样写道：

> 然而，虽说是作为 ethics 的译语，但当我们开始使用"伦理学"一词，便意味着其词语背后负载的传统被接受了。不仅如此，在选取"伦理学"这一译语的时候，人们并没有认为其原词 ethics 只是在个人意识上考究善和义务的学问。人们自觉或不自觉当中在人间之道的学问或道义之学的意义上创造了"伦理学"这一译语。就是说，所谓伦理即存在于人与人之间关系中的道，而非在孤立的个人意义上才可以决定的道德价值。依照黑格尔的 Moralität（主观性道德意识）和 Sittlichkeit（客观化理性意志）之分，伦理则更近于 Sittlichkeit。因此，"伦理学"即便是被作为 ethics 的译语而创造出来的，其语义及其概念也无

碍于我们用来表示并非个人主观的人间之道的学问以及这
个意义上的人间之学的意义。

我特意引用这段长文，意在看其中和辻哲郎用两重有意误导的
方法所记述的启动"作为人间之学的伦理学"的内在理路。他强
调，当我们使用作为 ethics 译语的"伦理学"一词的时候，其中就
已经包含了"人间之学"的意义。然而，这种表示方法是在有意无
意地忽视下面这一事实，即所谓包含着"人间之学"意义的"伦理
学"，在作为 ethics 的译语确立起来之际曾试图将该词语根底里埋
藏着的"伦理"摇荡出去，由此才得以确立起来的伦理学。的确，
和辻哲郎担任教授的昭和时代帝国大学的伦理学讲座，已经是渗透
了国民道德论的要素且具有强烈的国家伦理学性质的讲授场所。对
和辻哲郎来说，一开始这个"伦理学"就存在。而他的说法则掩盖
了这样的事实：作为"人间之道的学问"之"伦理学"乃是在批判
ethics "只是在个人意识上考究善和义务的学问"之后，由他重构
起来的。所谓"作为人间之学的伦理学"，正是由和辻哲郎创造的
昭和日本的伦理学。他是通过对"伦理"一词进行解释学上的重构
而开始的。所谓解释学，在此乃是仿佛从"伦理"一词进入到历史
古层似的解读出"人间之道"的语言欺诈之术。

四 "伦理"的解释学

在《作为人间之学的伦理学》的开头和辻哲郎写道："在其出
发点上我们面临的问题唯有'何谓伦理'一事。"[11] 即所谓伦理学
也就是去追问"何谓伦理"。这仿佛是不言自明的事情，然而果真

如此吗？伦理学，就是要追问"伦理"的意义吗？那么，和辻哲郎是用怎样的方式来追问的？他的回答是："我们要追问由伦理一词表现了怎样的意义。"就是说，何谓伦理的问题被转换成了"伦理一词"表现了怎样的意义。这是一种有关"伦理"词语的解释学追问的转换。正是在此，存在着对语言表现可以做解释学式理解的前提。和辻哲郎强调，"伦理一词与一般的语言一样，作为历史和社会性的生存之表现，早在我们追问之前就于客观上存在了"。追问"伦理"一词的意义被视为有价值，因为语言被理解为表现了历史和社会性的生存。或者，依靠语言人们是怎样生存过来的，作为语言的意义可以被解读出来。

这里，明显是以狄尔泰一派的"生"之解释学为前提的。而依据 20 世纪初确立起来的狄尔泰解释学 [12]，最早在日本构筑起精神史和文化史话语的，正是和辻哲郎。当然，还包括海德格尔《存在与时间》所运用的语言哲学之话语分节化的方法。作为昭和时期文化学话语的构筑者，和辻哲郎乃是一个对世界潮流非常敏感的摩登青年。看他不久之后出版的主要著作《作为人间之学的伦理学》上、中两卷，可以发现其中随处提到德国解释学现象学，以及法国的社会学和民族学等同时代欧洲的各种文化学。基于文化民族主义而在日本构筑起伦理学话语的和辻哲郎，乃是同时代欧洲学术、文化话语的同台演出者。我认为，昭和法西斯主义时期也是日本的近代成熟期。而和辻哲郎如今通过对"伦理"一词的解释，试图将伦理学的根本命题分节化。但是，为此"伦理"这一词语作为生存的表现必须存在于我们的语言空间之中。和辻哲郎说：

　　　　"伦理"这个词是支那人创造了而传给我们的，作为语言其活力依然残留于我们之间。这个词语的意义是什么呢？在其意义上我们能够构造出怎样的概念？

"伦理"一词的确是源自儒家的概念。但是不要弄错了，如今我们使用的"伦理"一词乃是明治时代的西周和井上哲次郎等作为翻译词语而创造出来的，就如同"物理""心理""法理"等一样。在此，伦理和物理等作为古汉语是否早已存在，并不是我们要追究的。问题在于，他们此刻是作为 ethics 的译语和 physics 的译语而采用了"伦理"和"物理"。正因为作为译语被采用，它们才存在于近代日本的语言空间中。正如井上哲次郎《哲学字汇》也曾列举《礼记》中"凡音者，生于人心者也。乐者，通伦理者也"（《乐记》）[13] 所示的那样，作为汉语的伦理其用例很少。《朱子语类》的"语句索引"[14] 虽有"伦序"但没有"伦理"。汉语中的"伦理"原指"事物的条理正确"，"伦序"和"伦列"也属同类的词语。后来，转而变成表示"事物伦类的道理，人伦道德的原理"的意思。（诸桥辙次《大汉和辞典》）但是，"人伦道德的原理"大概是近代的"伦理"概念吧。总之，"伦理"一词存在于中国的古典文献中而有与"人伦之道"不同的意思，而且绝不是用例很多的词语，更非在日本拥有活力而被使用的语言。相反，"伦理"乃是明治时代的井上哲次郎等作为 ethics 的译语而再发现并重构的汉语。即与"哲学""科学""化学"，乃至"物理""心理""法理"等同时于明治日本制造出来的近代汉语。应该说，"伦理""伦理学"首先是作为翻译词汇而出现的，后来才被解读出具有"人伦道德的原理"和"人伦之道的学问"这样的意义。

然而，和辻哲郎却认为源自中国的"伦理"一词在近代日本仍有活力。他的解释学试图要从"伦理"词语中解读出意义来。这解读出来的意义，也便是使用此语言的日本人之生存方式乃至存在方式。他强调，由此可以构筑起新的伦理概念。这是一种充满欺诈之术的"伦理学"启动。重要的是，这个"伦理"并非在日本人中间具有活力而残留下来的词语。它乃是明治日本创造出来的近代汉语之一。因此，以"伦理"一词之解释开篇的"伦理学"乃是一种充满欺诈的记述，即仿佛"伦理"一词中已有的"人间存在的法理"之意，就是日本人维持至今的人间存在之原理似的。

第十章
"民族国家"的伦理学建构（二）
——和辻哲郎：昭和日本的伦理学

总而言之，自觉到人之神圣在于民族，通过这种自觉把握到神或众神则在于民族所负载的全体性。

——和辻哲郎《作为人间之学的伦理学》中卷
第三章"人伦组织"

一 "伦理"概念的重构

和辻哲郎强调，"伦理"一词的"活力依然在我们之间残留着"。[1] 他似乎要说，由于汉语"伦理"早已存在，其概念与"伦理"一词一起依然残留在日本人中间。然而，事实是和辻哲郎的前辈井上哲次郎等在通过用死语"伦理"翻译 ethics 而确立起伦理学的同时再造了"伦理"一词。难道不是这样吗？近代日本所通用的"伦理"，乃是作为译语的新汉语词汇。果真如此，那么和辻哲郎的解释不就成了有意无意地利用人们对汉语"伦理"的错觉而形成的欺诈言说了吗？

和辻哲郎强调，"伦"乃是朋友关系（仲间），与意味着人之共同态的同时，还表现着共同态的秩序，即人间之道。因此，熟语"伦理"也并非有什么意义的扩大，只是用"理"来强调"伦"已经具有的道之意义而已。在对"伦理"语义做上述解读之后，他进而重构了"伦理"概念：

> 在这样的语义之上，我们可以将其与主观性道德意识相区别，而构筑起"伦理"概念来。伦理乃是作为人之共同态的存在根据可以在各种共同态中获得实现的东西。这是人们之间关系（间柄あいだがら）的道或秩序。正因为它的存在，才使关系本身成为可能。我们追问伦理为何，正是在追问这样的人间之道。[2]

正如和辻哲郎在此所言，如何重构伦理概念才是问题的关键。问题不在于以"主观性道德意识"为前提的"ethics"，与此区别开来的"伦理"概念之重构才是问题的所在。他一边从已然成为死语的儒家词汇"伦理"中解读出"人间之道"的语义，一边将其视为"人伦的理法"或"人之共同态的存在根据"而加以重构。就仿佛等待着和辻哲郎的召唤而原本隐藏在"伦理"这一语词的意义似的，或者，好像解释学学者和辻哲郎在解释使用"伦理"一词的日本人其生活根底里的共同态意识那样，"伦理乃是作为人之共同态的存在根据可以在各种共同态中获得实现的东西。这是人们之间关系的道或秩序"。既然"伦理"并非日本人生活中的语言，那么和辻哲郎的这种解读行为也就只能是伪装为意义解释的意义重构行为了。如今，这是针对作为源自"主观性道德意识"的西洋近代ethics的替代方案的伦理学而试图对其基本概念的"伦理"加以重构的行为。

"伦理"概念的重构者和辻哲郎，现在是作为文化解释学学者而存在的。或者不如说，他是"伦理"概念的重构者，即他正试图建立起新的伦理学。

二 "人间"概念的重构

"伦理"被视为"人们之间关系的道或秩序"。新的"伦理"概念则作为与"间柄"（人们之间关系）这一与共生共存的人有关的概念被重构起来。对于这个"伦理"概念的重新解读，当然伴随着对"人间"概念的重读。在此之际，正像汉语的"伦理"被从过去召唤出来一样，汉语的"人间"也被重新召唤回来了。人间原本是"世间"的意思。然而和辻哲郎强调，日本人没能区分人人之间的"人间"和个人的"人"而一直使用"人间"一词。《言海》是这样解释"人间"的："一、世间。二、佛经六界之一，即此世、人界。三、习惯上误称人。"[3] 就是说，原本意味着"世间""人界"的汉语"人间"，日本人误解为也有人的意思而一直使用至今。可是和辻哲郎强调，在日本人的误解中有重大的意义存在。

　　为什么呢？因为这是数世纪以来日本人于其历史性的生活中不自觉地基于对人间的直接理解而发生的社会性事件。这一历史事实证明，意味着"世の中"的"人间"一词也可以单纯理解为"人"的意思。这给予我们极其深刻的启发。如果可以把"人"从人之关系中完全抽离出来，那么将 Mensch（人）与 das Zwischenmenschliche（人之间）相区别就是正确的。但是，人只有在人之关系上才成为人，因此作为人已经展现了其全体性，即人之关系。如果可以这样认为的话，将人间理解为人的意思也就是正确的了。

所以，我们在意味着"世の中"的"人间"一词转化为人的意思这一历史全体性上，可以发现人间既是社会也是个人这样一种理解。[4]

为了重构并非单纯的"人"之"人间"概念，和辻哲郎在此亦从解释学上读出了汉语"人间"的古义。在此，推导出作为"间柄之存在"的"人间"概念的，是有关语言意义的解释学。语言的解释学，能够以谁都容易理解、谁都可以上当受骗的方式，推导出正当的意义来。这个意义，正是解释者从使用其语词的"日本人于其历史性的生活"中推导出来的。而给予这个新推导出来的"人间"概念以正当性的，则是追究到日本人"历史性的生活"之深层的解释学意义上的探索。

这里，暗示出昭和前期即 1925 年至 1940 年期间所形成的学术话语特征。从大正末年到太平洋战争爆发的昭和前期是日本近代的一个高峰期，同时也是日本民族主义最兴盛的时期。指向欧美近代的"近代批判"成为昭和前期话语共同的促动因素。"近代的超克"并非昭和时期一文学集团所标举的口号，而是多少承载了昭和前期的哲学、文学、历史学及社会科学等学术话语的标语。在此，作为欧洲近代的替代方案的"日本"，带着其正当性而登场亮相。

在和辻哲郎那里正是这样，其从日本人"历史性的生活"中演绎出来的"人间"概念因此才具有了正当性。基于这个"间柄之存在"（人之关系的存在）的"人间"概念，他开始构筑作为西洋近代 ethics 之替代方案的日本伦理学。和辻哲郎的《伦理学》是从批判西洋近代个人主义的下列言辞开篇的。

将"伦理学"规定为"人间"之学的尝试，其首要意义在于摆脱单纯把伦理视为个人意义的问题这一近世的谬误。这个谬误基于近世的个人主义之人的观念。把握个人的本身乃是近代精神的功绩，自然具有不能忘记的重大意义，但是个人主义试图以只是人之存在的契机之一的个人取代人之全体。这种抽象性成为各种谬误的根本来源。[5]

三 具有人间共同态的伦理学

以《作为人间之学的伦理学》为登场亮相之作而于昭和9年（1934）出任东京帝国大学文学部伦理学教授的和辻哲郎，开始致力于自身伦理学的体系化。《作为人间之学的伦理学》上卷出版于昭和12年（1937），中卷则刊行于战时的昭和17年（1942）。而下卷的发表则在战后的昭和24年（1949）。战后，免于被剥夺公职的和辻哲郎从东大退休是在昭和24年，因此可以说《作为人间之学的伦理学》上、中、下三卷乃是他东大在职期间的全部成果。如上所述，《作为人间之学的伦理学》上卷可谓和辻伦理学本论部分的"追问人间存在之根本结构"，乃是从批判近代个人主义之人间观开篇的。以西洋近代个人主义批判为强有力动机的伦理学，当然其构筑必将定位于人间共同性存在，或者人之共同体存在。

不过如上所述，和辻哲郎的近代批判乃是昭和前期学术话语上的共同倾向。进而，这个近代批判也与20世纪30年代欧洲的反近代主义倾向相同。可以说，追求国家和民族的全体性乃是那时德国、意大利包括苏联在内的欧洲的时代精神。我已提到留学欧洲期间，和辻哲郎曾以同时代人的身份体验过第一次世界大战后德国的哲学和思想倾向。这给我们提供了一个视角，即在与欧洲反近代主义哲学和思想倾向相关联之下来观察和辻哲郎以近代批判为动机的伦理学建构。他的《作为人间之学的伦理学》一面摇曳着人之共同体论的世界思潮的影子，同时以伦理学之重构而给出了源自日本的答案。

和辻哲郎以人之共同体论为伦理学构成的核心议题而展开论述的，是在《作为人间之学的伦理学》的中卷。这是他继第一章"人间存在的根本结构"和第二章"人间存在的空间时间结构"（以上为上卷）之后的第三章，即"人伦组织"。这第三章，讨论的是从"家族"到"宗族""地缘共同体""经济共同体""文化共同体"，乃至"国家"的诸种共同体形态及其伦理学意义。一般认为，这个构成《作为人间之学的伦理学》中卷的第三章"人伦组织"受到了黑格尔"人伦体系"的启发。的确，观和辻哲郎从"家族"到"国家"的人伦组织体系，人们都会清楚意识到这受了黑格尔的影响。不过，这里的黑格尔启发也就是如此而已。在和辻哲郎所谓的"人伦组织"中，并没有黑格尔从作为"精神"体现者的"家族"到"市民社会"再到"国家"那样的"人伦体系"，以及构成此体系的辩证法逻辑等。[6]那么，他从"家族"到"国家"的"人伦组织"体系是怎样的呢？

四 "公共性"与"私人存在"

构成和辻哲郎从"家族"到"国家"的共同体序列的，是"公共性"及其匮乏状态的"私人存在"这一公私逻辑。在叙述"人伦组织"的《作为人间之学的伦理学》中卷的最后一节"国家"的开头，他这样写道："我们从家族到文化共同体按阶段探讨了以私人存在为媒介的共同性之实现。共同体通过对'私'的克服而得以确立，同时共同体本身也带上了私的性格，这在最初的阶段比较明显，但随着共同体的扩大而逐渐变得稀薄。"[7] 按阶段追寻人之共同体的共同性实现过程，这是对"人伦组织"的体系化叙述。而越是大的共同体，其私的性格就越变得稀薄。在和辻哲郎那里，使共同体论体系化的就是这个公私逻辑。

然而，所谓"国家"难道不就是"大家"即"公"本身吗？用公私的逻辑按阶段来叙述以国家为终点的人之共同体，这难道不是显而易见的国家至上主义者的作为吗？当然，和辻哲郎的《作为人间之学的伦理学》还是有一些手段技巧的。他将"公共性"定义为"参与的可能性，而参与则于公开和报道上才能成为可能"。有关"私人存在"也是如此，和辻哲郎将此视为"公共性的匮乏状态"而强调："参与之可能性的缺乏，本质上并非不可能参与，而是不希望参与或者不被允许参与罢了。因此所谓公共性的缺乏状态，本质上是公共性的东西其公共性本身遭到了拒绝。"公者在参与的可能性上而私者在参与可能性的匮乏状态上加以规定，和辻哲郎的这种理解似乎是要区别国家所代表的公权力的实施与对其机构的参与之有无的公人与私人的不同。可是，他所谓规定了公共性的参与之可能性，正如他自己将其与公开和报道相关联那样，乃是第三者或外部之参与的可能性。所谓公共性，乃是公开性。这样，和辻哲郎以参与的可能性来规定的公共性，可以视为是以德语的Offentlichkeit（公共性）为前提的。

然而，据说民间人的共同生活圈带有公共性的意义时市民社会便可确立，但由此形成的公共性乃是社会性的。[8] 因此，所谓

Offentlichkeit 既是公共性的，同时也是社会或世间，即人们共同生活的空间。可是，和辻哲郎从 Offentlichkeit 一词单纯引用"参与的可能性"这一公开性的意义，即为了构成作为"公共性匮乏状态"的"私人存在"之共同体概念，才使用了该德语词。"公共性"（Offentlichkeit）这个市民社会概念，被反近代主义者和辻哲郎呼唤出来，仅仅用于规定人们共同生活空间的"私人"性质。

所谓作为"公共性匮乏状态"的"私人存在"，乃是不希望他者"参与或者不被允许参与"的共同体。但是，所有的共同体都是由有限的成员之参与其有限的公共性而构成的，且因其公共性的有限程度而成为私的共同体存在。所以，和辻哲郎说"家族、朋友、村落等团体针对其成员而言是公共性的，但若针对更大的公共性而言，依然带有私人存在的性质"。结果，"公共性"这个概念在他那里只是为了规定非公共性（nichit Offentlich）的，即作为私人存在（privat）之共同体的性质而存在的。"公共性"的概念，在此并非指视人们的共同生活体为"社会"而积极建立起来的东西，相反是为赋予共同体以"非公共性"的"私人"性质而被使用的。

夫妻二人共同体的私的存在之状态被扬弃而形成了父母孩子三人的共同体。和辻哲郎分析说："我们可以明确看到，父母孩子三人的共同体通过其相互媒介之共同存在的形式而扬弃了夫妻二人共同体的私，但依然带有新的私人性质。它作为通过共同存在的形成而实现的人间之道的一个阶段，应该说是前进了一大步。"也就是说，和辻哲郎叙述共同体的公私逻辑，同时也是说明共同体阶段性发展的逻辑。在更大的公共性地平线上有新的人之共同性的实现，但这里确立起来的共同体依然带有新的私人性质。

和辻哲郎从家族到亲属、地缘乃至文化共同体的各种状态的记述中，有着丰富的社会学和民族学成果的详细引用。但是，这个内容丰富的共同体叙述总是受到带有共同体之私人性质的限制。这是为什么呢？

五 作为文化共同体的"民族"

我们来看看在艺术活动中解读出共同性的和辻哲郎是怎样叙述的。这里清晰反映出既是伦理学者又是文化解释学学者的他的独有特性。关于陶艺、雕刻和绘画等艺术活动创造的某种造型及其给予人们的感动，和辻哲郎写道："到底为什么这样的造型会给人们以感动呢？"针对这样的疑问，回答是有两个可能性。"或者是人们自身所追求的理想造型在此获得了实现而观之感动不已"，或者是"不曾见过的奇特造型突然出现在眼前而惊讶之余感动之"。而在和辻哲郎看来，我们的答案必定是前者：

> 为什么呢？因为不曾想到、没有见过也就意味着对其造型的意义无法读懂。而能够感动于作品所实现之造型的人们，一定是在造型实现之前就已经在自己心中有所了解的。并非唯有作者在自己的心中拥有其造型。这个造型一定只能是作者和观赏者所同时追求的东西，即共同追求的目标。反过来讲，这个造型显示了人们追求的共同性。因此，作者以素材实现这个造型，也就意味着同时实现了共同性。[9]

和辻哲郎强调，艺术家个性化作品的形成同时也是共同性的东西的形成，这里有着艺术形成的深刻意义。或者也可以说，艺术家通过创作作品而创造出了共同性。那么，这个共同性的范围界限如何呢？和辻哲郎认为能够共享造型理想的精神上之共同范围在于"民族"。"艺术品所展现的精神上之共同范围亦在处于自然状态的民族。艺术活动通过创作艺术的特殊形态而创造了民族。"就这样，和辻哲郎将文化共同性的确立范围定为"民族"。

> 可以说文化传播得以顺畅流行的是在土地和血缘之共同的范围内。荷马的诗最初流传的地中海沿岸，便正是大家相互认为同操希腊语的 Hellas（希腊）族人的居住地。这样，文化共同体形成了一定的封闭性。我们就将其命名为"民族"。……如上所述，这个民族可以规定为"以血缘和土地的共同性为边界的文化共同体"。

将各种各样的人之共同体的形成视为"公共性匮乏"的各阶段而加以追述的和辻哲郎，对文化共同体亦用"土地和血缘之共同的范围"来限定的，并以"民族"规定这个有界的文化共同体。这并非仅仅意味着以文化和精神之同一性所规定的民族概念的确立。所谓文化共同体是具有一定个性的"性格共同体"，而文化共同体的民族则意味着其民族本身具有无法替代的个性。这样，所强调的是文化和民族均为拥有个性的特殊存在的正当性。那么，这是针对什么而言的呢？毫无疑问，针对的是压抑民族特殊性的世界之普遍主义的主张者们。

讨厌民族封闭性而自称站在人类立场上的人们，通常往往是发挥着最甚的<u>民族自我中心主义的</u>。就是说，他们视自己的民族为绝对，不承认一切他民族的特殊性，而试图将全人类强塞到唯一一个民族的特性之中。这便是他们的人类立场。把一特殊民族的神扩张为人类的神，某个特殊民族的语言作为世界的语言通用之。人们称在这里民族的封闭性被打破了，而实际上是打造出了<u>最坚固的封闭性</u>。[10]

试看，这种恶声谩骂西洋近代普遍主义的激烈言辞！一方面以公私关系为说明共同体阶段性发展的逻辑，一方面用公共性匮乏的私人性质来加以规定的和辻共同体论，到了文化共同体论，则傲然改变主张而强调起封闭性来。我们"就将其命名为民族"！这言辞中，饱含着在 20 世纪 30 年代构筑起日本伦理学的学者的反近代主义的激情。以共同体人之存在的学问——伦理学来对抗个人道德意识之学的 ethics，和辻哲郎通过构筑作为文化共同体的"民族"概念，而提示出作为对抗学说的伦理学之最终答案。

他强调，作为文化共同体的"民族"即精神共同体。"如果纯粹以文化共同体来把握民族，那么民族也就是本来的<u>精神共同体</u>。因为，这是宗教、艺术、学问的共同体，这样的精神共同体只能如此存在。"和辻哲郎在《作为人间之学的伦理学》的上卷中，将 Nation 译为"国民"以区别于"民族"。可是在中卷里，到了将"民族"理解为文化共同体的时候，他感觉把 Nation 视为"民族"更合适。他强调："要将国民定义为<u>国家之自我形成的民族之意</u>。"就是说，文化共同体或精神共同体的"民族"于历史上获得了自我实现的便是"国家"。

而"国家"则是在地上实现的人之共同体的最终形态。"国家"

在自己的内部包摄了一切，将所有地上的私人存在铸成"公有"。和辻哲郎认为，正因为如此，"国家"作为一国是封闭的，但其自身则为"公有"的。在《作为人间之学的伦理学》中卷的最后一节"国家"中，作为国家论有很多需要讨论的问题。不过，其伦理学的形成乃是一种"民族国家"之伦理学上的确立，我想仅就这一点再做确认，以完成此章的讨论。最后，我们从昭和 18 年（1943）版《作为人间之学的伦理学》中卷引用一段文字如下，不用说这一段在战后有修改：

> 作为个人的人格通过去"私"，而归一为神圣的民族之全体性。去"私"并非个性的埋没。既然是精神共同体的一员，人格归根结底必须是个性的，但此个性者之所以能够成为全一，正在于去"私"。[11]

第十一章
哲学的民族主义表征
——"种的逻辑"与国家之本体论

难道不应该视国家为一切存在的原型吗？

——田边元《国家存在的逻辑》

决死乃是面向自己的投掷，以超脱死亡。

——田边元《生死》

一 昭和 18 年的哲学家

昭和 18 年（1943）5 月 19 日，田边元在京都帝国大学学生科主办的星期一讲座上，做了题为"生死"的讲演。[1] 西田几多郎曾在昭和 13 年（1938）的这个星期一讲座上，开始系列讲演"日本文化的问题"。[2] 田边元本身也于昭和 14 年（1939）京都帝国大学学生科主办的日本文化讲座上，有连续六次的题为"历史的现实"的演说。[3] 以呼应时局的题目，由京大招牌教授承担的这个讲座应该是非常吸引学生的。但昭和 18 年 5 月的田边元讲演，对学生来说应该具有其他场合无法比拟的意义。因为，这是太平洋战争中日本已然清晰地显露出败色的一年。讲演结束的 10 天之后即 5 月 29 日，人们接到了阿图岛上日军玉碎的报道。9 月 23 日"学生征兵"的暂缓令被叫停。于是，10 月 21 日出征学生壮行会在秋雨绵绵的神宫外苑举行。等待学生的是"死"。对于不远的将来只能看见自己的死的学生们来说，哲学家田边元以"生死"为题目的讲演意味着什么？学生们谋求的是自己的死之意义。人们相信，这讲演一定要谈到这死的意义。《京都帝国大学新闻》记录了当日讲演的情形。

> 田边教授的第一讲开讲前一个小时，第一教室已是人山人海而无立锥之地了，为此，校外的听众被转移到第二、第三教室用扩音器来听讲。这外校听讲者中甚至有从遥远的福井县赶来的，由此可以窥见这次星期一讲座受到了全国怎样的关注。[4]

这塞满了教室的学生们之真诚的思绪，我是完全可以想象的。昭和 18 年（1943），小学高年级的我及同学们也曾于恐怖之中被决意去死。不过，我如今这样叙述昭和 18 年 5 月的京大讲演会状况，乃是要知道此时此刻在日本从事的哲学研究到底为何。田边元此时对聚集于此的学生们之所求所问，应该是了然于心的。他们谋求的是"为国而死"的意义。的确，战时的国民应该已经有了为国捐躯的觉悟。因此，田边元最初是以"我们日本国民如今已经没有思考生死问题的必要"而拒绝了主办方的讲演邀请。后来，当理解到他们虽已觉悟至此但依然要听听有关死的意义而这样地要求时，他接受了邀请。学生们在死之将至的此刻，要再次向哲学家追问"为国而死"的意义，而他同意向学生们讲述其意义。这与其说是厉害，不如说是惊世骇人！

在昭和 18 年的日本，有面对不久将奔赴战地的青年们讲解

"为国而死"之意义的哲学和哲学家存在，而他们青年也愿意听。所谓"为国而死"乃是民族主义的终极命题。田边元的哲学对此不仅可以讲，而且确实讲了。

二　死

田边元在题为"生死"的讲演中区分出了三种有关死的立场。第一种是自然的立场或者称自然观意义上的立场，第二种是人间学意义上自觉的立场，第三种则是"无以命名的，暂且可称之为实践的立场"。

所谓第一种自然的立场，便是既然有生也就自然有死，我们在承受生的同时也要接受命中注定的死。或者，未必欢喜生也不必厌烦死，而是将生死都置之度外，这样一种立场。所谓第二种人间学意义上自觉的立场，便是对生来说自觉到死是不知何时来临的可能性，而面对作为可能性的死来决定自己的生存，这样一种立场。田边元强调，这两种立场都是观念性的。在第一种自然的看法中，死看上去仿佛是实在的，"但实际上非常抽象地将生与死并列来思考，乃是观念性的。以这种立场在观念上认为可以超脱于死，而实际上依然恋恋不舍甚至有苦楚的思虑也说不定"。死为观念性的，这在第二种自觉的立场上也是如此，这里的死终究是从生的方面来考虑的，或者将死拉到生存方式的问题上来。田边元举例海德格尔所说的死，说道："从生的方面思考死，在思想上将这个死拉到生这边来，这也是一种对于死的理解，但能否在充分的意义上达到死的解放，甚可质疑。"那么，与只在观念上获得的有关死的立场不相同的立场存在吗？田边元认为存在，这就是第三种实践的立场。即

"不是将死观念化，而是我们实际上赴死"。

"武士道者乃寻死之道也。"这当然是《叶隐》中的话。这句话的下文则是"生死两难之际首选赴死，无絮烦道理可言，觉悟至此一往直前"。[5]对于 20 世纪 40 年代的学生们来说，这本《叶隐》也是为了难免一死而准备的书。怀揣岩波书店文库本的《叶隐》而奔赴战地的青年恐怕是难以计数的。然而，《叶隐》所谓"寻死之道"看上去仿佛是田边元说的第三种实践的立场，而一般认为此乃第二种自觉的立场。正如该书所言，将死拉到日常的自我一边，每日坐卧向死而生，这才是武士之道。果真如此，则田边元说"我们实际上赴死"的时候，这应该是超越"寻死之道"的。山本常朝的《叶隐》以主从关系为坚固的基轴而强调向死而生，昭和 18 年（1943）的国家哲学者田边元则强调为国而直截了当去赴死。

虽说是"赴死"，但也并非轻而易举地死去，更不是有了觉悟而准备赴死。田边元强调，"人何时死亡，死必然与生连接在一起，对此事先觉悟则并非这里所谓的觉悟"。这个意义上的觉悟乃是观念性的。他将自己所说的"赴死"与观念上的觉悟相区别，而以"决死"概念来表述：

> 我们所说的决死乃是更为积极的实践，并非把死视为可能，而是觉悟到其必然发生而仍然果敢地去实践。这实际上是将生投入死之中，而非一边活着一边在观念上思考死，并非自己处于安全的生之境地而去思考死的可能性。懂得必死，知道死无法逃遁，而依然去做应该做的、实践应该实践的，即把我们的生投向死。

所谓"赴死",不是觉悟到死,而是将生投向死。"决死",也便是死的实践。田边元强调,将自己投向死而感到自己仍然生存,这是"死去的我被延续,在这个意义上便成为再生、复活"。在此,已经显露出与负罪而死获得大悲的忏悔道之"死而复活"的哲学相通的逻辑。的确,走向"忏悔道的哲学"的田边元在此正开始迈出其悔恨的步伐。[6] 昭和 18 年(1943)京都帝国大学田边元最后的特殊讲座,即为"忏悔道",而"赴死",正是孕育着他所谓的忏悔之死而向学生发出的言辞。

三　为了国家的义务之死

实践性的死,既非自然的死,也不是必然的死。田边元坚持说,这是为此而应死,作为义务的死。"在第三种实践的立场上,我们说实践的时候,那便具有了为此而奉献生命、为此而应死的意义。死不是生的终结,而是为了应死而赴死的一种死之方式。"那么,为此而应死者为何呢?不用说,这是国家。"不用说"这一表述,因为对于为听讲而聚集于此的学生们而言,他们的应死目标乃是国家,这早已了然于心了。他们向哲学家所叩问的是"为了国家如何去死"。或者,"为了国家而死"其意义何在。为了国家,人们何以必须去死?这样的叩问,恐怕最终将归结到对他们要求死之义务的国家为何。田边元也最后讲到了国家。与上述三种死的立场相关联,他这样说:

> 在第一种和第二种立场上,自然、实在、神和绝对等直接与人发生关联,而第三种立场则在神与人之间插入了

国家。于神人之间有国家介乎其中，这是现实。贤者在宗教信仰上可以直接为神和教祖献身，我们凡人并没有考虑直接献身于神，而是为了国家。神使人献身于国家，国家则使人所具有的神圣性、佛教所说的佛性或佛子、神之子这样的神圣性得以复活，由此国家超越特殊一国的性质而成为神。[7]

这第三种实践的立场，就是面向学生讲述生死观的田边元自身的哲学立场，也是期待着学生们能够共享其观点的立场。这是主张作为义务之死的立场，或者强调为此而应死的立场。所谓"为此"也就是"为国"，这是此刻的讲者和听者了然于胸的。田边元称这"国"是插入神与人之间的国家，并说"这是现实"。就是说，当面对国家的时候献身才具有现实的意义。而且，这是介乎神与人之间的国家，因此为国而主体性投入的死，才具有了神圣性。为了理解这一点，我们还要看看田边元紧接着上面这一段的下列文字：

国家超越单单是特殊之国的性质而成为神。当说到神圣或绝对者的时候，神与国家通过个人的媒介而结合在一起，人透过国家而具有了现实上献身的具体对象。献身有其具体的意义，是在国家和神结为一体的时候，即神与国家虽有区别而实则为一之际，由此人通过献身国家而接触到神并与神联系在一起。神、国、人三位一体，任何两方都以剩下的第三方为媒介而结合在一起。

当听到"人通过献身国家而接触到神并与神联系在一起"这样

的话语，人们一定会怀疑，田边元什么时候成为神国日本主义者或日本主义之基督徒了呢？学生们则把透过哲学家之口讲述的神国主义话语视为箴言而认真听取也说不定。田边元自身也称自己的国家哲学为"通过将国家置于仿佛基督的位置上，以达成绝对无的基体之呼应现实的存在，并彻底贯彻基督教的辩证法真理，而有了从神话限制中解放出来的结构"（《国家存在的逻辑》[8]）。如果将田边元的哲学用语"绝对无"换成"神"，则十分明显，他所谓"通过献身国家而接触到神并与神联系在一起"一句，肯定是来他的国家哲学的。我们从《国家存在的逻辑》一文中引用一段，来与上述神国式的话语对照一下。

> 个体即全体的综合，由此推及以种的契机为类而加以扬弃，在类的普遍之人类立场上与文化之主体的个人相合一，由此组成国家，至此特殊而又普遍的具体媒介在绝对与相对之间得以确立。相当于基督教三位一体的神髓者，必然是与此国家之自觉相关联的国家哲学。

我引用这段文字，是要揭开田边元"生死"论的谜底。我们有必要揭开这个"生死"论话语的谜底。不过，也不单单为此。我还要明确指出，田边元的国家哲学，其"通过献身国家而接触到神并与神联系在一起"这句话，毫无疑问也是面向自身而言的。不用说，这是虚拟的神国主义话语。田边元的所谓国家哲学，也便是将"为国而死"视为"与神（绝对）相关联"的实践来主张的哲学。面对拼命叩问"为国而死"之意义的学生们，田边元是以自己的国家哲学来回答的。这也便是"与神相关联的实践"。

四　国家之本体论

我说过，作为义务的死所面对的是国家，这在昭和 18 年讲述"生死"论和听其讲述的两方面都是不言自明的。但是，田边元的哲学早已是可以来主张"为国而死"的东西，而昭和 18 年毋宁说是这"为国而死"的决心难免成为"为此而死"的忏悔之紧要关头。那么在田边元那里，主张应该为此而死的国家哲学，也就是论述国家之本体论的观念是从什么时候开始形成的呢？"国家乃是最为具体的存在，正可谓存在的原型。所谓基础的本体论必须是国家的本体论"，这是为了补充旧稿《种的逻辑之世界图式》[9] 之不足而写作的《国家存在的逻辑》一文的开篇所言。据说，以"种的逻辑"之确立，田边元哲学才具备了独立于黑格尔、海德格尔及西田几多郎的属于自己的哲学逻辑。[10] 在战后修订版的《种的逻辑之辩证法》的"序"中，田边元回顾了自己"种的逻辑"之形成时期。

> 我于昭和 9 年至 15 年之间，从事自称为种的逻辑之辩证法逻辑研究，由此志在从逻辑上阐明国家社会的具体结构。其动机则在于试图将逐渐高涨的民族主义作为哲学的问题来考察，在批判一直以来支配我们的自由主义思想的同时，否定单纯的民族主义或全体主义，以前者之主体的个人和后者之基体的民族为交互否定的媒介，在基体即主体的绝对媒介的立场上，发现作为现实和理想之实践统一的国家的理性根据。[11]

田边元写于经历了日本国家之挫折的昭和 21 年（1946）的此

文，作为站在此时期的回忆，当然会有饱含着自我正当化的修正，不过还是准确记录了其"种的逻辑"之确立的时期和动机。虽然经历了国家的挫折，但依然这样来叙述自己"种的逻辑"的形成并试图发行其修改版《种的逻辑之辩证法》，说明他并没有视国家的挫折为"种的逻辑"之挫折。他在同一篇"序"中说："种的逻辑在新的立场上重新确定方向，并不意味着对该理论的抛弃，反而意味着发展。这在我，足以对该逻辑的根本结构更加确信。"这使我们不能不追问，一边讲为罪而死的忏悔，一边仍然坚信"种的逻辑"之田边元的哲学行为究竟为何？宣告田边哲学确立的"种的逻辑"，正如他自己所言，乃是形成发展于 20 世纪 30 年代中期到 1940 年这一时期的国家哲学的逻辑。这是日本的民族主义作为国家同一性的意识形态逐渐形成，同时要求世界秩序重组的作为东亚之帝国的存在越发明显的时期。正是在这样的时刻，田边元试图将民族主义作为自己的哲学问题。依据其理解的马克思主义及历史本身而使自己的哲学性质转向历史哲学的田边元，要将民族主义作为其哲学问题，这源自他的<u>诚实性</u>。但是，我并非将这种"诚实性"作为人格评价来称赞。我说的，可谓是人之宿命的性格。诚实的人以民族主义为自己的哲学问题，甚至向学生们讲了"赴死"的问题！

所谓"种的逻辑"，乃是把民族主义当作自己的哲学问题的田边元将"民族"概念化为"种"、赋予国家以理性根据而构成的哲学逻辑。

五　"种"的逻辑

以民族主义为哲学问题的田边元所提出的"种的逻辑"的确如

上面的"序"所言，乃是作为带着批判对象而有论争性质的哲学话语展开的。这里的论争对象既是黑格尔、海德格尔、西田几多郎等，更直接的是作为那个时代之意识形态的民族主义以及近代文明世界之个人主义立场。现在，我们来看看他在对此加以批判的同时所推进的"种的逻辑"之展开吧。

> 民族主义的政治浪漫主义虽然有着与个人主义之艺术浪漫主义相对照的反向发展方向，但同样作为依靠无媒介之直接民族主义的特殊之普遍化、相对之绝对化，都是应该加以排斥的。而经过种的基体和个的主体之否定性媒介而产生的类的国家存在即建设，只有在以成为现实之主要内容的思考立场上，人的行为介入到社会存在和历史生成之中，通过基体即主体的转换性合一，国家才能够作为最具体的存在而成为我们思维的对象。[12]

这里所言"经过种的基体和个的主体之否定性媒介而产生的类的国家存在即建设"一句，因解读的着力点不同而意义不同，故既可以是昭和14年（1939）的文章，也可以成为昭和21年（1946）的文章。作为绝对媒介的逻辑之"种的逻辑"，正是带有这种性质的哲学话语。也正因为如此，国家虽然遭到了挫折，但田边元却并没有感到这个"种的逻辑"需要抛弃。但"种的逻辑"终归是"种"的逻辑，即田边元以那个时代的民族主义为自己的哲学问题而构筑的逻辑。这个"种"乃是以"民族"（nation）为辩证法之否定性运动的一个契机而重构的概念，而此"民族"则以国家之同一性为存在的根基。田边元在面对一般社会的时候，是将"种"说成

"种族"的。对于个人有束缚性作用的共同的封闭社会，在历史的发展过程中可以有各种各样的形态。例如，田边元在针对一般学生的一次授课中[13]，是将这个封闭的社会解释为"在任何情况下都包括了静的、抽象的或者毋宁说作为逻辑性的概念而称之为'种族'的"。"种"也可以是"种族"，而在田边元是将这个"种族"视为比"民族"更具有自然基础的集团概念的。在同一次授课中他说："种族与共有其生命并提供支撑的固有的土地是一种无法分开的关系。今天所强调的 Blut und Boden，即人种上的血缘与血缘之统一所支撑的土地，对于种族来说具有根本性的意义。我们不能无视这种自然的根基而思考历史问题。"20 世纪 30 年代德国的民族概念清楚地包含在田边元的"种（族）"概念中。他强调，依靠这个"种（族）"的存在基体，国家得以成为历史上具体的存在，而辨析这个国家的形成之哲学逻辑也得以成为历史和现实性的逻辑。

"种的逻辑"，乃是推导出以此"种（族）"之自然基体为不可或缺之基础的国家的具有理性依据的确立过程的哲学逻辑。种族性国家的理性之确立的逻辑乃是绝对媒介的辩证法，而使其确立成为可能的乃是"种"与"个"的否定性媒介运动，即上文引用的"经过种的基体和个的主体之否定性媒介而产生的类的国家存在即建设"所言者。若再加以详述的话，就是这样：

种是针对其他种而言的种，故具有特殊的内涵，同时，个属于其生命根源之母胎的种，可以自由地与之对立，但反而通过将自己作为否定性的媒介，而把种提升到全体与个体相生相继的类之境界，它因此超越种的单纯之特殊性而站到特殊即普遍的立场上，与属于别的种的个一起进入

人类文化之统一的境地。(《国家存在的逻辑》)

当田边元自己如此这般详细解释的时候，也便立刻暴露出"种的逻辑"之空疏抽象的一面。这里，所谓"种的逻辑"乃是哲学家于头脑中构成的空中楼阁式的逻辑。在昭和14年的民族主义国家日本，是不容许"可以自由地与之对立，但反而通过将自己作为否定性的媒介，而将种提升到全体与个体相生相继的类之境界"的个人存在的。所可能的，只有个体向国家之全体性的自我否定性回归而已。这同时还意味着，田边元"种的逻辑"的哲学话语，因其为"种（族）的逻辑"而不能不遇到另一个现实性侧面。

> 国家在其种之基体的契机方面，与一般民族宗教一样拥有作为个人之生命母胎的根源性。这是个人通过自我否定而应该回归的根源，而此根源拥有绝对无之现成的基体，即主体的媒介性存在之理由，反而是启示宗教之基督所没有的特色。(《国家存在的逻辑》)

国家是"个人通过自我否定而应该回归的根源"，田边元的这句话在面向学生宣讲"为国而死"的意义时，则变成了这样的表述：

> 应该于国家中赴死的时候，正是需要我们合作之际，在此自由的生命得以复活。这正是国家即自己的道理。……历史上的个人即使那些没有名字的人，通过赴死于民族中，也可以发挥使国家提升为具有人类意义之国家的作用。

（《历史的现实》）

　　人通过献身国家而获得与神相接触的绝对化立场，由此立场出发可以做出使国家与神之道相一致的行为，使国家不失其真实和正义，乃是我们的本分。(《生死》)

田边元的这些言辞毫无疑问向听讲的学生提示了"应为国而死"的理由，并被接受了。他本身也确信自己"种的逻辑"足以为此提供根据。可是，在他"种的逻辑"引导下的学生们的死，难道是有意义的吗？他们的悲惨之死如果可以说成是"使国家成为真实"的死，那么这将是怎样残酷的哲学逻辑。与日本国家的挫折一起遭到挫折的，乃是这个"种的逻辑"。民族国家日本之本体论的"种的逻辑"，必须予以唾弃。

注　释

第一章

1　色川大吉：《柳田国男——常民文化论》，日本民俗文化大系1，讲谈社，
1978年。

2　《海南小记》，收《柳田国男全集》第1卷，筑摩书房，1990年。以下柳
田著作引文均据《柳田国男全集》。按引用顺序所收全集卷数为：《民间
传承论》《乡土生活研究法》（全集28卷），《木棉以前的事情》《食物与
心脏》（全集17卷），《国语的将来》（全集22卷），《蜗牛考》（全集19
卷），《方言备忘录》（全集21卷），《先祖的故事》《神道与民俗学》（全
集13卷）。

3　例如，柳田国男指出："在kouba树的分布与保存方面，若要了解神之参
与，无论如何也要去观察一下冲绳的各岛屿。原本人们觉得像异国似的
这个岛屿的神道，实际上很少受到支那的影响，佛法对它也没有什么势
力。若从我们珍视的大和本岛今日的信仰中排除掉中古时代的政治、文
学所给予的感化和变动不论，在这个岛屿上保存着许多我们可以想象到
的传统东西。"

4　列维–斯特劳斯：《忧郁的热带》第一部"结束旅行"，川田顺造日译本，
中央公论社，1977年。

5　克利福德·格尔茨：《尼加拉——19世纪巴厘剧场国家》，小泉润二日译
本，美铃书房，1989年。

6　在由昭和8年（1933）的讲义编成的《民间传承论》末尾，柳田国男称
"我们的学问"为"新国学"。"当今，我们需要重大的学术转向，这种转
向与赖氏《日本外交史》或宣长大人之国学使当时学问发生的变化一样。

可以说，我们的学问正是成为其转变契机的东西。我不揣冒昧称此为新国学，即国家所需要的新兴学问。"后来，柳田还把"大战终结前后，变化最为激烈的时代所做神道信仰的小型考察报告"《氏族神与氏子》等，作为《新国学谈》出版。

7　金城正笃这样定义"琉球处分"："指在明治政府之下，冲绳被强行组织到日本国家版图中来的一系列政治过程。"（《琉球处分论》，冲绳时报社，1978 年）金城通过指出明治政府曾提议将宫古、八重山两岛分属给清国这一事实，反驳了将"琉球处分"的历史意义理解为"民族统一"的观点。这一论述对思考柳田国男关注冲绳的视线所具有的意识形态性，非常重要。

8　举一例观之。杉埔民平读《木棉以前的事情》中"昔风与当世风"一节文章，感到"真是受到了震惊"，并说："在我前面，就摆着一把其他历史与文学中不曾有的神秘钥匙。这把钥匙可以打开平凡的日常生活的门扉，在门扉的对面可以纵览到深远而连绵不断的日本常民的历史。"（《〈木棉以前的事情〉之惊人处》，载《文学》1961 年 1 月号）

9　有必要加以说明，柳田国男乃是根据帝国宪法被任命为最后一个枢密顾问官（昭和 21 年）的。关于柳田历任国家官僚的经历和由国家（天皇）所授予的勋爵爵位的背景，船木裕做了详细的考察（《柳田国男外传》，日本エディタースクール出版部，1991 年）。这项工作与村井纪的《南岛意识形态的发生》（福武书店，1992 年）一起，对柳田民俗学掩盖近代日本国家的政治意图和实现过程的叙事做了全面的揭露。

10　本尼迪克特·安德森：《想象的共同体——民族主义的起源与流行》，白石隆·白石莢日译本，リブロポート，1978 年。

11　《蜗牛考》初版于昭和 5 年（1930），修订版作为创元选书之一于昭和 18 年（1943）出版。"修订版序"中有对"方言区划论"批判性的论述。

12　金田一春彦给方言做定义，认为"方言是地域社会语言体系中，其土地上的人们日常生活中所使用的语言系统"（"方言与方言学"，收国语学会编《方言学概说》，1962 年）。另外，德川宗贤指出："在研究者之间，谈八丈岛或京都的方言时，与其说是指称单词的每个语言的要素，不如说多指各地域所使用的语言系统的整体。"（《语言·西与东》，日本语的世界 8，中央公论社，1981 年）

13　川田捻:《柳田国男——"固有信仰"的世界》，未来社，1992 年。

14　当然，柳田国男在战后仍然继续从事著述活动，有《故乡七十年》《海上之路》等著作出版，获得了文化勋章，而以 88 岁高龄逝世于昭和 37 年（1962）。我所谓"宣告了其生命的完结"，是因为我不认为，战败至今的时代依然处在柳田所肩负的近代日本国家使命仍未实现的延长线上。色川大吉曾为柳田走向战后的决心辩护说："欲从天皇制手中重新把日本的神灵归还给民众，从祖先的经验中吸取智慧，以正确认识民族的主体性，要发挥上述作用则必须建立起日本的民俗学来。"（《柳田国男——常民文化论》）这种说法实在是被柳田巧妙地欺骗了，这在本章中已经做了充分说明。

第二章

1　内藤湖南:《关于支那古典学研究法》，收《研几小录》（又名《支那学丛考》），弘文堂书房，1928 年。

2　吉川幸次郎:《支那学问题》，收《吉川幸次郎全集》第 17 卷，筑摩书房，1969 年。另，这里引用的吉川文章乃《支那学问题》中题为"支那语的不幸"一节，曾发表于 1940 年《文艺春秋》9 月号。

3　内藤湖南:《支那论》，文会堂书店，1914 年。收《内藤湖南全集》第 5 卷，筑摩书房，1972 年。《支那论》由出版的前一年 11 月至年末的五次口述经《朝日新闻》记者高田政之助记录而成。

4　内藤湖南:《新支那论》，收《支那论》（创元社，1938 年）。后收入《内藤湖南全集》第 5 卷。

5　内藤湖南于《新支那论》中说："如今，支那人难以从根本上掀起真正的民众运动，或者发生国民公愤那样的事态。另，我们可以认为，即使取上述运动形式而有运动发生，那也是来自并非真正的公愤和民众的运动。

6　杂志《支那学》第 1 卷第 1 号于大正 9 年（1920）9 月，以支那学社（代表为本田成之）编集的名义由弘文堂书房出版。《发刊词》载于卷首。一般认为出自青木正儿之手。

7　见《年谱》，收小川环树编《内藤湖南》，日本的名著 41，中央公论社，1971 年。

8　武内义雄：《关于富永仲基》，收《武内义雄全集》第 10 卷，角川书店，1979 年。

9　关于内藤湖南发现富永仲基的经过，加贺荣治的《内藤湖南笔记》（东方书店，1988 年）中有详细记载。

10　内藤湖南的《富永仲基》，见《樗阴散语》，收在《涕珠唾珠》卷首，东华堂，1987 年。又见《内藤湖南全集》第 1 卷。

11　《大阪町人学者富永仲基》，收《先哲的学问》，弘文堂，1946 年。又见《内藤湖南全集》第 9 卷。

12　富永仲基：《出定后语》，收《富永仲基·山片蟠桃》，日本思想大系 43，岩波书店。1973 年。

13　石滨纯太郎：《富永仲基》，创元社，1940 年。

14　宫川康子在《"譬喻"的语言学——富永仲基"三物五类"说》（收《富永仲基与怀德堂》，鹈鹕社，1998 年）中，详细讨论了仲基语言论、话语批判的情况，并将其定位于 18 世纪的"反徂徕"话语世界中。

15　从杂志《支那学》的创刊，可以明显看到对抗西欧中国学的意图。敦煌古本传到日本，给东洋学者、支那学者以冲击，是在明治 42 年（1909）。而对敦煌发掘反应最敏感的是内藤湖南等京都支那学学者。杂志《支那学》对西欧中国学一直很关注。

16　武内义雄：《老子原始》，弘文堂书房，1926 年。又收《武内义雄全集》

第 5 卷。

17　宫崎市定：《论语新研究》(第 1 部第 2 章"论语的成立")，岩波书店，1974 年。

18　武内义雄：《论语之研究》，岩波书店，1939 年。又收《武内义雄全集》第 1 卷。

19　津田左右吉：《论语与孔子的思想》，岩波书店，1946 年。又收《津田左右吉全集》第 14 卷，岩波书店，1964 年。

20　津田左右吉：《日本支那学的使命》，载 1939 年《中央公论》3 月号。又收《思想·文艺·日本语》，岩波书店，1964 年。

21　对于将自己同步于日本帝国主义的内藤湖南所构建的日本近代"支那学"，竹内好在战争期间便开始予以激烈的批判（见 1943 年竹内好的下列文章：《支那研究者之路》《〈中国文学〉的废刊与我》，收《近代的超克》，筑摩书房，1983 年）。竹内好战争期间对支那学的批判，关键在于日本的支那学与西欧中国学有着同样的观察中国的视角，即与西欧投向亚洲的帝国主义视角有着不可分割的关系。这种批判，同时也是对那些支那学者没有认识到"大东亚战争"具有帝国主义日本之自我否定意义的批判。竹内好对"支那学"的批判，出自其西欧式"近代的超克"立场。这一立场与战后"作为方法的亚洲"主张有联系。其"支那学"批判所显示的方向也便是战后日本中国研究的方向，既对中国从内在方面来认识，又对日本近代化过程加以批判。

参考文献

E. 威廉阿姆斯：《帝国主义与知识分子》，田中浩日译本，岩波书店，1979 年。

爱德华·萨义德：《东方学》，板垣雄三、杉田英明监修，今泽纪子日译本，平凡社，1986 年。

A. 柯文：《知识帝国主义——东方学与中国形象》，佐藤慎一日译本，平凡社，1988 年。

野村浩一：《近代日本的中国认识——驶向亚洲的航路》，研文出版，1981 年。

五井直弘：《近代日本与东洋史学》，青木书店，1976 年。

汤志钧、近藤邦康：《中国近代思想家》，岩波书店，1985 年。

三田村泰助：《内藤湖南》，中公新书，1972 年。

小川环数编《内藤湖南》，日本的名著 41，中央公论社，1971 年。

加贺荣治：《内藤湖南笔记》，东方书店，1988 年。

J. A. 傅佛果：《内藤湖南》，井上裕正日译本，平凡社，1989 年。

增渊龙夫：《关于历史学家的同时代史考察——内藤湖南》，收《成城大学经济学部 30 周年纪念论文集》，1980 年。

神田喜一郎：《敦煌学五十年》，筑摩书房，1970 年。

吉川幸次郎：《武内义雄全集》第 1 卷 "解说"，角川书店，1978 年。

增渊龙夫：《历史意识与国际感觉——日本近代史学中的中国和日本》，收上田正昭编《人物与思想·津田左右吉》，三一书房，1974 年。

竹内好：《近代的超克》，筑摩书房，1983 年。

第三章

1　《日本语》月刊第 2 卷第 6 号，山本书店，1994 年 6 月。

2　正如外山滋比古发表于《日本语》月刊特辑号上的文章所云："明治维新以后一直称'国语'，'日本语'这个提法被广泛使用是从昭和 40 年代（20 世纪 60 年代）中期开始的。那时候，母语得到重新关注。"这本特辑的编者和投稿者都没有看到这样一个事实：在随着"大东亚共荣圈"理念的推进而提出"日本语问题"的同时，"日本语"乃是因其与"国语"概念的整合性受到质疑后才得以形成的概念。这意味着，当前围绕日本语的话语在某些方面是对 40 年代那种话语的反复，而这一点专业学者们并没有在反思的层面予以关注。

3 国语学者同时又是"国语政策"专家的安藤正次（原台北帝国大学校长），乃是 1943 年当时的国语审议会委员，而在战后的 1945 年至 1951 年间，虽然职位改变了，但他的名字依然见于国语审议会委员的名单之中。从战时到战后，同一个人的名字一直保留在国语审议会中的不仅安藤一人。金田一京助、保科孝一、仓石武四郎等人也是如此。这表明，"国语国字问题"乃是贯穿整个近代日本的问题，在国语改良论、汉字限制论、表音主义式假名使用论的主导下，"国语问题"得到推动发展。

4 《日本语》杂志作为日语教育振兴会的机关杂志，创刊于 1941 年 4 月。另，该振兴会以"于大东亚共荣圈内普及日本语，振兴日本语教育乃目前的急务"为主旨，在兴亚院和文部省援助下设立于 1940 年 12 月。会长为文部大臣桥田邦彦，理事长是文部省图书局长松尾长造。振兴会以与日本语普及相关的调查研究、日本语教授法的研究、教育资料的汇总颁布、主办讲习会、发行机关杂志为任务。

5 "国语国字问题"从提出的当初开始，便是在两种主张相互反驳或赞同的状态下发展的。一种主张认为，作为真正的国民语言，国语应该促使其成为国民大多数所共有的语言而实行改革；另一种主张强调，要正确继承作为历史的传统民族语言的国语。

6 时枝诚记：《朝鲜的国语政策及其国语教育的未来》，载《日本语》第 2 卷第 8 号，1942 年 8 月。

7 上田万年的"国语神学"式言辞，完全是与家族国家观之"国家神学"话语互为表里而同时出现的。例如，"正如日本那样，一家族发展而成为人民，人民之发达而有了国民，……这实在是国家值得庆幸的大事，一旦有事，促使我们日本国民协作行动的主要是忠君爱国之大和魂，还有这大和魂之根基的国家之语言"（1894 年的讲演，收《为了国语》）。

8 文部省于图书局下新设国语科（1941），松尾长造图书局长在论述"文部省国语政策的根本方针"时指出："以国语的调查研究为前提和基础，对

此加以整理统一，再将整理统一好的实施于国内，同时使其在国外得到
普及。这样，国内的日本语教育才能获得正确的方向，才能实现真正意
义上的内外如一。"（见《日本语》第 1 卷第 2 号）

9 　松尾长造的"发刊辞"载《日本语》创刊号，1941 年 4 月。另，创刊号
　　特辑名为"东亚文化圈与日本语"。

10 　山田孝雄：《何谓国语》，收《国语概论篇》（国语文化讲座第 2 卷），朝
　　日新闻社，1941 年。

11 　时枝诚记的朝鲜时代回忆录《朝鲜的回想（二）》（收时枝《走向国语学
　　的道路》，明治书院，1976 年）。

12 　时枝诚记：《朝鲜的国语政策及其国语教育的未来》。

13 　钉本久春：《日本语教育的基础》，载《日本语》第 2 卷第 9 号，1942 年
　　9 月。

14 　例如，钉本久春将输出"东亚共同语"的日本语与英语、欧美语联系起
　　来，说"从已普及于东亚之欧美语的关系上来说，日本语的输出将发挥
　　逐渐压倒欧美语，并清除其语言意识带给殖民地人民的亚流文化感觉及
　　生活感觉的作用"。（《日本语教育的基础》）

15 　钉本久春：《日本语教育的基础》。

16 　佐久间鼎：《日本语的普及与英语教师》，载《日本语》第 2 卷第 9 号，
　　1942 年 9 月。

17 　龟井孝：《为了日本的语言学》，收龟井孝论文集《为了日本的语言学》，
　　吉川弘文馆，1971 年。

第四章

1 　《大东亚战争与吾等的决意》，收《竹内好全集》第 14 卷，筑摩书房，
　　1981 年。根据全集中竹内好自己的"解说"，该文以无署名的形式发表于
　　1942 年 1 月《中国文学》第 80 号卷首，是他征得同人的意见后于前一年

12 月 16 日执笔写就的。

2　河上彻太郎、竹内好编《近代的超克》(富山房百科文库，1979 年)收录
　　了座谈会"近代的超克"发言和后来寄交的西谷启治等文论，及竹内好
　　《近代的超克》一文。座谈会的记录则发表于 1942 年《文学界》10 月号。

3　中村光夫：《对于"近代"的疑虑》(收《近代的超克》)，曾与座谈会的
　　记录一起发表于《文学界》。

4　下村寅太郎：《近代的超克之方向》(收《近代的超克》)，该文是为《近
　　代的超克》单行本出版而作的。

5　高坂正显、西谷启治、高山岩男、铃木成高：《世界史的立场与日本》，
　　中央公论社，1943 年。该书中如本文所示，收录了三次座谈会的记录。
　　即，第一次"世界史的立场与日本"、第二次"东亚共荣圈的伦理性与历
　　史性"、第三次"总力战的哲学"。引用时在括号中注明了发言者。

6　高山岩男：《世界史的哲学》，岩波书店，1942 年。

7　以欧洲世界史的形成来看世界史上"近代"的确立，这是高山岩男等
　　人基本的历史认识。在《世界史的哲学》中这一点得到了反复的强调。
　　如："世界之波澜壮阔的欧洲化，基于欧洲世界史而世界史观念得以确
　　立，这实在是世界史上近代性的事件。""这种趋势出现的时期，正是欧
　　洲扩张所导致的近代使真正的近代得以充实，以至于世界有了一个同一
　　的历史性时间……"

8　竹内好：《何谓近代——以日本与中国为例》，收《竹内好全集》第 4 卷，
　　筑摩书房，1980 年。根据该全集竹内好自己的"解说"，这篇文章最初以
　　"中国的近代与日本的近代——以鲁迅为线索"为题，发表于东京大学东
　　洋文化研究所编的"东洋文化讲座"第 3 卷《东洋的社会伦理性格》(白
　　日书院，1948 年)，后收竹内好文集《现代中国论》，写作时间为 1948
　　年。本论文所引有关竹内好写作经过的文章，见《竹内好评论集》第 3
　　卷(筑摩书房)中作者"题解"。

9　如《何谓近代》的副题"以鲁迅为线索"所示，竹内好对"东洋的近代"

之考察源自他深刻意识到"与鲁迅相遇"的意义。

10　竹内好：《亚洲中的日本》，收《竹内好全集》第5卷，筑摩书房，1981
　　年。最初见《近代化的发展》（讲座《日本的社会文化史》第5卷，讲
　　谈社，1974年）。

11　《作为方法的亚洲》，收《竹内好全集》第5卷。该文是1960年1月25
　　日在国际基督教大学"思想史方法论讲座"上所做讲演《作为对象的亚
　　洲与作为方法的亚洲》的记录。最初收武田清子编《思想史的方法与对
　　象——日本与西欧》，创文社，1961年。

12　不用说，竹内好"近代的超克"论中所说的是指"大东亚战争既是殖民
　　地侵略战争，同时也是针对帝国主义的战争"这一对战争二重性的把
　　握。另，他的论文《近代的超克》最初发表于"近代日本思想史讲座"
　　第7卷《近代化与传统》（筑摩书房，1959年）中。作为筑摩丛书中的
　　一册，由松本健一编辑的《近代的超克》（竹内好，1983年），是一本把
　　"超克"论视为竹内好的思想主题，由此立场出发所编的非常有参考价
　　值的书。我亦通过此书使自己对竹内好有了一种综合的把握。

13　丸山真男：《近代性思维》，收《战时与战后之间》，美铃书房，1976年。
　　据作者"后记"云，该文发表于《文化会议》第1号（1946·1），"末
　　尾落款为1945年12月30日，是从广岛市宇品的船舶司令部复员后所
　　发表的第一篇文章"。

14　丸山真男：《明治国家的思想》，收《战时与战后之间》，最早发表于
　　《日本社会的历史性考察》（岩波书店，1949年）。

15　丸山真男：《极端国家主义的逻辑与心理》，见《现代政治的思想与行
　　动》（上），未来社，1956年。该文最初发表于杂志《世界》（1946年5
　　月号）。在"追记"中作者写道："发表之后马上在单页的《朝日新闻》
　　上出现了评论文章，以此为开端产生了连我自己也惊呆了的反响。"

16　丸山真男在分析日本近代国家的权力结构时所展示出来的结构主义视
　　角，乃是贯穿其著作的基本视角。他对结构上规定着日本社会思维方式

的分析，在《日本的思想》（岩波新书）一书中有综合性概括。进而，这种关注后来发展为对"历史意识的'古层'"（《历史思想集》，日本的思想 8，筑摩书房，1972 年）的注目，即要挖掘出在结构上规定着日本人历史意识的"底层"。

17 我认为，丸山真男关于"近代社会"逻辑构成的理念型建构，是在后来结集为《日本政治思想史研究》（东京大学出版会，1952 年）的战时所作论文中完成的。这一点，我在《作为"事件"的徂徕学》（青土社，1990 年）中已有提及，丸山真男在徂徕学中试图发现"近代性思维"的理念型，后来成了他揭露日本社会结构性病理的视角。

18 杰佛里·哈弗：《保守革命与近代主义——魏玛第三帝国的技术、文化、政治》，中村干雄等日译本，岩波书店，1991 年。

参考文献

广松涉：《"近代的超克"论》，讲谈社学术文库，1989 年。

广松涉、浅田彰、市川浩、柄谷行人共同讨论《"近代的超克"与西田哲学》，载 1989 年《季刊思潮》4 月号。

酒井直树：《近代的批判——中断的投企》，载《现代思想》临时增刊"日本的后现代"，1987 年 12 月。

高桥哲哉：《"命运"的拓扑学 1/2》，载 1993 年《现代思想》1 月号、5 月号。

山之内靖：《战争时期的遗产与两义性》，收《日本社会科学的思想》（岩波讲座"社会科学的方法"3），1993 年。

第五章

1 霍克海姆、阿多诺：《启蒙辩证法》，德永恂日译本，岩波书店，1990 年。译者解说称："本书作于 1939 年至 1944 年。准确地说，是根据两人 1939

年秋以后所做笔记，1942 年经两人协商讨论，至 1944 年春最终脱稿。"

2　丸山真男：《日本政治思想史研究》，东京大学出版会，1952 年。构成本
　书第一、第二两章的文字，曾以单篇论文的形式发表于 1940 年至 1944
　年《国家学会杂志》。而第三章，作者在"后记"中回忆说，直到接到应
　征入伍的命令之日为止，还在赶写草稿。

3　《近代性思维》，收《战时与战后之间：1936—1957》，美铃书房，1976
　年。根据该书"后记"，此文发表于 1946 年 1 月名为"文化会议"的团
　体的机关杂志上。作于前一年的 12 月，是丸山真男复员后发表的第一篇
　文章。

4　丸山真男关注到"近代的超克"主张，但从他所提到的"法西斯主义历
　史学"来看，他的批判主要是针对京都学派历史哲学的。与《文学界》
　召开的"近代的超克"座谈会相对应，京都学派的学者们（高坂正显、
　西谷启治、高山岩男、铃木成高）举办了"世界史的立场与日本"座谈
　会，其记录发表于《中央公论》。座谈会后来又召开了第二次（"大东亚
　共荣圈的伦理性与历史性"）和第三次（"总体战争的哲学"），而三次座
　谈会的内容汇集为一书，最后定名为"世界史的立场与日本"出版（中
　央公论社，1943 年）。

5　在高山岩男《世界史的哲学》（岩波书店，1942 年）中，我们可以看到他
　更为体系化的观点。

6　丸山真男：《明治国家的思想》，收《战时与战后之间》（岩波书店，1949
　年）。最早发表在《日本社会的历史性考察》（岩波书店，1949 年）一
　书中。

7　丸山真男：《极端国家主义的逻辑与心理》，收《现代政治的思想与行动》
　上册，未来社，1956 年。在该书的"追记"中，丸山回顾了这篇文章超
　出自己想象的巨大反响。

8　在分析日本国家权力构造时所显示出来的结构主义视角，是丸山真男贯
　穿其著作的基本视角。在构造上规定了日本社会的思维方式，丸山有关

于此的分析后来结集为《日本的思想》(岩波新书),构成其观察日本思维模式的一般性通俗视角。进而,他对于日本思维模式的关注在《历史意识的"古层"》(《历史思想集》解说,日本的思想 6,筑摩书房,1972年)中,则发展为从构造上剖析规定日本人历史意识的"底层",而非"古层"。

9 《日本政治思想史研究》第一、第二章,丸山真男借荻生徂徕所谈论的正是"近代"主义,有关这一点,我已在《作为"事件"的徂徕学》(青土社,1990年)中做了详细论述。

附 记

本章《"近代"主义的错误与陷阱》,在编辑旧作《近代知识考古学》时曾计划收入,但因内容上与第三部的《日本的近代与近代化论》中有关丸山真男的部分有重复之处,故割爱。这次收入本书,是因为考虑到内容上比较完整,作为独立的丸山真男论有其价值,敬请读者谅解。

第六章

1 1982 年 6 月 26 日《每日新闻》的报道,引文对报道特有的简略表达做了改动。

2 1983 年度的历史教科书检定,据说没有要求改写"侵略"的表述,但正如本文中所介绍,对"侵略"表述的改写要求是以出版社的"自肃"施行的。这"自肃"是比公开的规定更为恶劣的权力规范。

3 据《家永教科书裁判》("第一部:书面准备篇",教科书检定诉讼支援全国联合会编,综合图书发行)的"草稿书面准备"。

4 在自我和他者关系上有深刻关联的国家对过去战争行为和殖民统治的"重述"要求,以此为准的发言不断从日本政府内部喷涌出来。不过,并不是因为这些发言的暴露才成其丑闻。作为被掩盖、藏匿的"重提"

要求，其本身的存在已经是一种丑闻。

5 据《何谓教科书问题》（社会科教科书执笔者恳谈会编，未来社），"日本史"近现代部分中的"与中国的关系"报告（江口圭一）。

6 本多胜一：《中国之旅》（单行本，朝日新闻社，1972 年。文库版，1981 年）。本文引文据文库版。

7 藤本英二：《现代诗讲义》（国语教育丛书 21，三省堂）中引用了井上俊夫的《豆腐》一诗。人们猜测这首诗作为"酒后谈"可以窥见日本人压抑在心中的战争之残忍记忆。诗曰："那时候 / 我激昂兴奋 / 将它们穿起来。/ 三十来人的新兵 / 一个接一个去穿 / 黑棉袄的军服 / 当然喽，蜂窝一般。/ 农会理事会结束后 / 围着火锅 / 酒气冲天的一人 / 以笨拙的动作 / 将鲜红的肉片一张张摊开 / 又在那上边儿 / 放上了 / 中国老百姓也喜欢的豆腐。"

8 《战争的记忆——日本人与德国人》（石井信平日译本，TBS 大不列颠）的作者伊安·布鲁玛，这样谈到日本人的"战争的记忆"方式促使他写作此书："固定模式的死之行军，在马尼拉之掠夺，新加坡之虐杀，几乎从来不讲。可是，日本人在中国、（中国）满洲、菲律宾的被害，特别是广岛和长崎的被害却鲜明地留在记忆里，战后日本兵被扣留于西伯利亚，也让多数人不能忘怀。在日本人心目中有两个值得纪念的日子。原子弹投向广岛的（1945 年）8 月 6 日和日本投降的 8 月 15 日。"这尖锐地触及了日本人的战后意识。

9 《中国之旅》作为"告发书"乃是依据本文中所说"告发修辞法"构成的。而这位作者的另一部著作《走向南京之路》（单行本，朝日新闻社，1987 年。文库版，1989 年）则在修辞法上有所不同。虽主要是依据被害者中国人的证词，但与其说是"告发"加害，不如说是要"阐明"加害之事实。如果看一看同一个有关"斩百人（杀人竞赛）"的记述方法就可以明白。这本书具有反"虚"化论的性格，对可能有的日本军人"斩百人"之残忍行为做了有说服力的叙述。

10　参照让－弗朗索瓦·利奥塔尔：《海德格尔与"犹太人"》（本间邦雄日译本，藤原书店）第 16 章"菲利阿斯文件"。

11　铃木明：《"南京大屠杀"的虚构》，文艺春秋社，1973 年。

12　这里铃木明要走访的"事件的当事者"是作为加害一方的日本方面当事者。

参考文献

教科书检定诉讼支援全国联合会编：《家永教科书裁判》，综合图书，1967 年。

社会科教科书执笔者恳谈会编：《何谓教科书问题》，未来社，1984 年。

井上清、卫藤潘吉编：《日中战争与日中关系》，原书房，1988 年。

江口圭一：《十五年战争小史》（新版），青木书店，1991 年。

中央大学人文科学研究所编：《日中战争——日本·中国·美国》，中央大学出版部，1993 年。

本多胜一：《中国之旅》，朝日新闻社，1972 年。文库版，1981 年。

铃木明：《"南京大屠杀"的虚构》，文艺春秋社，1973 年。

秦郁彦：《南京事件》，中公新书，1986 年。

洞富雄：《南京大屠杀的证明》，朝日新闻社，1986 年。

本多胜一：《走向南京之路》，朝日新闻社，1987 年。文库版，1989 年。

洞富雄、藤原彰、本多胜一编：《思考南京事件》，大月书店，1987 年。

藤原彰：《新版　南京大屠杀》，岩波书店，1988 年。

藤原彰、荒井信一编：《现代史上的战争责任》，青木书店，1990 年。

让－弗朗索瓦·利奥塔尔：《海德格尔与"犹太人"》，藤原书店，1992 年。

易瑞·普鲁曼：《战争的记忆——日本人与德国人》，TBS 大不列颠，1994 年。

第七章

1　称战殁者之灵为"英灵"，始于日俄战争之后。村上重良对此指出："以往称战殁者之灵为'忠魂'或'忠灵'，以日俄战争为境，缺少个性而更加抽象的英灵这一叫法开始普及。"(《慰灵与招魂——靖国神社的思想》，岩波书店，1974年)与此相关联我们注意到，作为战殁者之墓的集合体，战殁者墓地成为国民敬仰的对象出现在第一次世界大战之后。这与现代战争导致了史无前例数量的死者有关。日俄战争一年零四个月的战斗，造成了88400人的战死者。这个战死者数量，与一般作为"英灵"而由近代日本国家祭祀者的数量密切相关。据说，战殁者墓地"带着大众文化的形态"出现，是"始于作为第一次总体战争于战场发生大量死者的第一次世界大战"(荒井信一编：《战争博物馆》，岩波书店，1994年)。第二次世界大战导致无法被称为"英灵"的大量死者、牺牲者的出现，而与这死者相关联的记忆，成为从本质上反思近代国家之应有状态的视角。

2　米山利萨：《跨境战争的记忆》，载1995年《世界》10月号，岩波书店。在此，米山强调："反对核爆展览，是他们捍卫自己记忆的边境和同感的境界线不受侵犯的殊死抵抗。"

3　C. H. 库勒科夫：《死之沉默——德国集中营遗迹摄影集》解说，大月书店，1995年。

4　在"平和纪念资料馆"贩卖的图书中，有广岛和平文化中心刊行的《广岛读本》。其第一期(《和平图书》，1978年初版，1994年第16次印刷)从详细的乡土史的角度说明了"资料馆"的展示内容。

5　尼采：《对待生的历史态度》，收《不合时宜的考察》(尼采全集卷4)日译本，筑摩书房学艺文库。

6　《奥斯威辛与表象的局限》日译本，未来社，1994年。

7　哈贝马斯、若尔特编：《希特勒，永不消散的阴云？——德国历史学家之争》日译本，人文书院，1995年。

8 尤尔根·柯卡:《不可用斯大林和波尔布特抑制希特勒》,收《希特勒,
   永不消散的阴云?——德国历史学家之争》。

9 德米尼克·坎布拉:《大屠杀之表象——有关历史学家之争的省察》,收
   《奥斯威辛与表象的局限》日译本,未来社,1994 年。

10 这些死者本质上是无法数清的死者。用数量来计算,本身已经是对死者
    们记忆的表象化了,我们应当视此为引起有关历史表象争论的原因。

11 前面提到的米山利萨的《跨境战争的记忆》一书,讲到各方有关"核爆
    展"的对立:"前者尝试着不侵犯以往国家的记忆领域,而后者则试图
    挑战集体记忆和同感的境界线,这是两者的不同所在。换言之,所谓
    Smithsonian(美国的博物馆)论争是以下两种观念不同的人群之间的交
    锋,即一种人群是对以往不言自明的历史常识提出质疑,以谋求批判性
    和探索性知识的人们;另一种则要对谁是敌人、为谁而战的问题给出明
    确答复,对理解过去所依据的概念被暧昧模糊而感到不安的人们。"米
    山利萨的观点,对我要考察的作为"负面"历史的表象化问题,提供了
    重要启示。

附　记

本章内容是根据我在 1995 年 10 月于立命馆大学召开的日本思想史学会
年会暨"历史与表象"学术研讨会上的发言,补充加工而成。另,与本章
有关"战争纪念馆"的主题相同的另一篇拙文《国家与死者的祈念》,载于
《现代思想》杂志("宗教的走向"专辑,1995 年 10 月号)。那篇文章,也是
根据战后 50 周年那年夏天我访问德国慕尼黑郊外达豪集中营遗址时的感慨
写成的。

第八章

1 《日本民族》由东京人类学会编,执笔者有古畑种基、上田常吉、长谷部

言人、松本信广、金田一京助、滨田耕作等，昭和 10 年（1935）岩波书店出版。

2　参看署有江上波夫、梅原猛、上山春平、中根千枝名字的研讨会"追寻民族的起源"之记录《何谓日本人》，东京：小学馆，1980 年。

3　从这种视角和方式出发我所进行的有关近代日本知识学术的解读，参见拙著《日本现代思想批判——一国知识的确立》，东京：岩波书店，2003 年。

4　日本对形成于西洋的近代概念的输入，是以汉语来翻译移植的。这个作为翻译移植中介的汉语，则是由对以往词汇的转用或者新造的词汇构成的近代汉语。关于近代日本的汉字、汉语所具有的问题性，参照拙著《汉字论——不可避的他者》，岩波书店，2003 年。

5　启发我采用查看国语辞典这一视角的是布鲁迪。见其《说话——语言交换的经济学》，稻贺繁美译，藤原书店，1993 年。

6　《言海》是大槻文彦接受文部省之命，于明治 8 年（1875）开始编撰，明治 19 年（1886）完成的。明治 22 年（1889）至 24 年（1891）刊行。长期以来是权威的标准国语辞典。

7　大槻文彦对《言海》的增补修订始于明治末年，这个工作一直持续到他死去的昭和 3 年（1928）。大槻死后，这个工作则由在关根正直、新村出指导下所编撰的《大言海》所继承，这是昭和前期代表性的国语大辞典。

8　佐竹八郎：《日本品词辞典》，六合馆，1909 年。以品词来给日语词汇分类，是为供作文参考而编撰的辞典。

9　安东尼·斯密斯：《民族主义的生命力》，高柳先男译，晶文社，1998 年。

10　斯密斯在该书中将非西欧的模型与西欧式"nation"模型相对置，称非西欧的为 nation 的"种族文化"概念。我虽然承认其类型化有意义，但不同意其西欧 / 非西欧这样的区分。在近代国家形成过程中有东与西或先进与后进的"时差"，而该书未能幸免于不顾这种"时差"展开议论的通病。

11　当代日本的国语辞典中，是将其作为文化共同体性质的 "nation" 概念来解释的。例如，《广辞苑》（第四版，岩波书店）将 "民族"（nation）解释为 "以共有一个文化传统而于历史上形成的具有同族意识的人群集团"。

12　《日本民族论》作为丛书 "民族科学大系" 的第九卷，由帝国书院刊行于 1943 年。该卷中所收铃木安藏论文的标题为："明治前期的民族主义思潮及其民族论"。我从该文得到了有关 "民族" 概念确立过程的重要启发。

13　Bluntschli 的《国家论》，平田东助等译，明治 22 年（1889）出版；Rathgen 的《政治学》（上卷 "国家编"），山崎哲藏等译，明治 24 年（1891）出版。以上信息均据铃木安藏论文。

14　霍布斯鲍姆：《当代民族主义》，滨林正大等译，大月书店，2001 年。

15　山路爱山：《当代日本教会史论》，收《基督教评论　日本人民史》（岩波书店）。由该论文和《耶稣转管见》合成的《基督教评论》于明治 29 年（1896）由警醒社出版。

16　志贺重昂：《告〈日本人〉所持主旨说》，载《日本人》第 2 号，政教社，明治 22 年（1889）4 月。

17　三宅雪岭：《真善美日本人》，明治 24 年（1891）由政教社刊行。

18　志贺重昂：《日本风景论》，明治 27 年（1894）由政教社刊行。

19　我所检证的是标题中这些词汇的使用情况，以这些词汇是否作为主题来对待为标准。

20　大正 2 年（1913）的该杂志上，曾两度出现国粹派歌人三井甲之的《民族生活的纵横断面》这样的评论，可谓例外情况。

21　日本思想史及日本精神史等学术话语出现于日本近代史上的特殊时期，即 1920 年至 20 世纪 30 年代期间。对此，我曾在拙著《日本现代思想批判》（岩波书店）中有所涉及。

22　白柳秀湖：《日本民族论》，千仓书房，1941 年。

23　有关这个问题，参照本书第三章《"国语"死去，"日本语"就诞生
　　了吗？》。

第九章

1　井上哲次郎编《哲学字汇》（东京大学三学部印刷版）出版于明治 14 年
　　（1881），其后由井上哲次郎和有贺长雄所做的增补修订版，于明治 17 年
　　（1884）由东洋馆出版。

2　井上圆了的《伦理摘要》，明治 24 年（1891）由哲学书院刊行，是一部
　　卷末附有"伦理考试问题"的教员培养用伦理学教科书。

3　日本学术领域的伦理学，其状况至今没有什么改变。虽然已经提出"生
　　命伦理""环境伦理"等深刻的问题，但没有伦理学者将此作为自己的主
　　要课题。

4　福泽谕吉：《文明论概略》第 6 章"智德的区别"（岩波书店文库版）。

5　帝国大学西村茂树明治 19 年（1886）12 月的讲演稿，于次年印刷的就
　　是这部《日本道德论》（初版）。该书曾散发给当时政府的各省厅大臣等，
　　据说此刻的总理大臣伊藤博文认为这是诽谤新政的书而予以激烈的批判。
　　我所依据的是吉田熊次校订的岩波文库版《日本道德论》。

6　井上哲次郎的《敕语衍义》明治 24 年（1891）由六合馆出版，每年加
　　印，至明治 45 年（1912）已重版 35 次。

7　以井上哲次郎《国民道德概论》为开端，吉田熊次、深作安文、吉田静
　　致、亘理章三郎、藤井健治郎等伦理学者有关国民道德的概论书，从大
　　正到昭和时期相继出版。这正是伦理学者和辻哲郎登场的昭和 10 年代学
　　界状况。

8　大西祝：《伦理学》，警醒社，明治 36 年（1903）。

9　元良勇次郎：《中等教育伦理讲话》，右文社，明治 33 年（1900）。

10　岩波讲座《哲学》所收，岩波书店，昭和 6 年（1931）。

11 和辻哲郎：《作为人间之学的伦理学》，岩波书店，昭和 9 年（1934）。

12 狄尔泰（1833—1911）《解释学》完成于 1900 年，《精神科学的历史世界》完成于 1910 年。

13 《乐记》的这段文字，竹内照夫译为"およそ音楽の怒りを考えれば、それは人の心の動きによって生ずるものであり、従って音楽の原理は人情に物の道理にも相通ずるものである"。《礼记》中册，新释汉文大系 28，明治书院。

14 佐藤仁编：《朱子语类（第 1 卷至第 13 卷）语句索引》，采华书林，1975 年。

第十章

1 和辻哲郎：《作为人间之学的伦理学》，岩波书店，1934 年。

2 见《作为人间之学的伦理学》。引文中的重点线为引用者所加。

3 随便一提，《言海》中的"伦理"解释为"五伦之道"（参见"五伦"条目）。

4 见和辻哲郎《作为人间之道的伦理学》二："'人间'一词的意义"。

5 《作为人间之学的伦理学》上卷，岩波书店，1937 年。引文自《和辻哲郎全集》第 10 卷，岩波书店，1962 年。

6 关于黑格尔"人伦的体系"，参照岛崎隆《黑格尔辩证法与近代认识——对哲学的质疑》，未来社，1993 年。

7 《作为人间之学的伦理学》中卷，岩波书店，1942 年。《和辻哲郎全集》第 10 卷所收则作为《作为人间之学的伦理学》上卷的第三章，是战后的修订版。这里的引用依据 1942 年原版。

8 关于市民社会和共同性概念，参照哈贝马斯《公共性的结构转换》，细谷真雄译，未来社，1973 年。

9 和辻哲郎：《作为人间之学的伦理学》中卷第 6 节"文化共同体"。引文中的重点线为原文所有。

10 和辻哲郎：《作为人间之学的伦理学》中卷。这里引用的和辻哲郎对盎格鲁–撒克逊人式的自我中心之世界主义主张的激烈批判，当然在战后版《作为人间之学的伦理学》中被删除了。

11 引文中的"民族之全体性"只修改为"所共享之全体性"，而该文依然保留在战后版的《作为人间之学的伦理学》中卷里。和辻哲郎的伦理学具有仅做部分修改依然可以流通于战后世界的性质，这本身也要求我们对其伦理学再做检讨。

第十一章

1 大岛正康笔录的这篇《生死》收入全集之中。见《田边元全集》第 8 卷，筑摩书房，1964 年。

2 讲演笔录《日本文化的问题》收入《西田几多郎全集》第 14 卷，岩波书店，1966 年。西田几多郎曾对此做大幅度增补，而作为岩波新书系列的一种单行出版。

3 这个讲演经主办方整理，以"历史的现实"为名由岩波书店出版于昭和 15 年（1940）。我这里所依据的是文库版《历史的现实》，拳头书房，2001 年。

4 引自《田边元全集》第 8 卷大岛康正的"解说"。另，这个星期一讲座以田边元的《生死》为第一讲，第二讲和第三讲是铃木成高的《大东亚战争之历史考察》，第四讲和第五讲则为高坂正显的《日本真理的现阶段》，据说教室里都是人山人海的盛况。田边元作为年轻的京都学派锐意的理论家，担任的是该讲座垫场戏的角色。

5 《叶隐》上，和辻哲郎、古川哲史校订，岩波书店，1940 年。

6 辻村公一推测，"忏悔道的哲学"在田边元心中开始构想的时期，应该是 1943 年末到 1944 年初。参见辻村公一编现代日本思想大系 23 卷《田边元》的"解说",筑摩书房,1965 年。

7　引自《田边元全集》第 8 卷所收《生死》。重点线为引用者所加,下同。

8　《田边元全集》第 7 卷所收,筑摩书房,1963 年。论文《国家存在的逻辑》单篇连载于《哲学研究》昭和 14 年(1939)10、11、12 月号。

9　《种的逻辑之世界图式》,连载于《哲学研究》昭和 10 年(1935)10、11、12 月号。

10　辻村公一在上面提到的"解说"中说:"'种的逻辑'一般认为是具备了名与实的严格意义上的田边哲学,即'绝对媒介的哲学'逻辑,由于具备了独自的逻辑,田边先生的哲学得以从西洋的所有哲学乃至西田哲学独立出来。"

11　《种的逻辑之辩证法》,秋田书店,1947 年。

12　田边元:《国家存在的逻辑》。

13　田边元针对学生的讲演笔录《历史的现实》,参见注释 3。

译后记

一如子安宣邦先生在"中文版作者序言"中所言，本书是在出版于 1996 年的《近代知识考古学——国家、战争与知识人》（岩波书店）的基础上，外加一篇发表于 1994 年的《"近代"主义的错误与陷阱——丸山真男的"近代"》，又从 2007 年问世的《日本民族主义解读》（白泽社）一书中选取四篇相关论文，而重新编定的一个全新中文版。这在三联书店推出的"子安宣邦作品集"中，是比较特殊的一本。

《"近代"主义的错误与陷阱》一文，实际上发表于岩波版《近代知识考古学》出版之前，原来计划收入该书，但由于内容上有部分重复，故没能实现。作者认为，此文与书中第四章主要讨论战前"日本的近代与近代化论"的内容密切相关，同时作为"丸山真男论"可以独立成章，且能代表战后日本的近代化论的走向，故作为第五章收入目前这个三联中文版。三联版的第八章至第十一章，则选自《日本民族主义解读》一书。三联版的书名依然沿用 1996 年的岩波版，是因为它最能代表子安宣邦先生二十余年来思想史研究的路径和批判的立场。

拙著《日本后现代与知识左翼》曾这样评论该书：

1996 年，岩波书店出版了日本思想史学者子安宣邦最具批判锋芒的著作《近代知识考古学——国家、战争与知识人》。该书在学术界和社会上产生了相当大的冲击力和不同的反响，清晰地显示了一位学养深厚的研究者深邃的学理思考，和作为一个公共知识分子强烈的政治关怀与批判意识。在个人的学术思想历程中，这部著作作为一个分水岭，标志着子安宣邦从江户儒学研究者向近代日本思想批判者的重心转移。换言之，他是在总体把握了300年江户思想之变动发展的历史脉络后，逐渐将思考的视线转向了近代日本的，并以近世以来四百年间东亚地缘政治变化的长时段视角来逼视问题重重的当下日本和东亚。因此，在20世纪90年代以来传统左翼批判力量日渐衰退的日本知识界，他以思想批判的深刻和尖锐成为广受关注的对象。

也就是说，《近代知识考古学》的出版在子安宣邦先生的学术生涯中是一个标志性的"事件"，预示了他此后二十余年的批判视野和思想史方法论路径。而对于要全面了解他的著作的中国读者来说，我们可以视此为一本导论性质的著作。说到批判视野和思想史方法论路径，可以认为子安宣邦先生作为日本后现代时期的学者是在不断与丸山真男的思想史研究进行对话和挑战的过程中建立起来的。他的丸山真男批判，同时也是自身立场与方法论的表明。我理解，这也正是子安宣邦先生坚持将《"近代"主义的错误与陷阱》一文收入三联版的原因所在。因此，特别希望中国读者加以留意。

在此文中，针对丸山真男的代表作《日本政治思想史研究》（1952；三联书店曾于2000年翻译出版，并将于近期经译者全面校订后再版），子安宣邦先生将其与同时期的霍克海姆、阿多诺的《启蒙辩证法》相比较，发现丸山真男的近代主义"话语"确实具有他自己一再强调的批判战争期间"近代的超克"论的一面；但是，丸山真男并没有像《启蒙辩证法》那样从根源上去反思"超克"论所讲的那个"近代"，而是把对"近代"的怀疑置换成了"近代性思维"在日本是否成熟的问题来讨论，从而在战后日本构筑起了"近代主义"的知识话语。子安宣邦先生强调：问题就在于近代主义本来就不具有质疑和指控"近代"本身的视野。因此，这个与"近代的超克"之历史哲学话语相抗争的"近代主义"，也就未能建立起对发动帝国主义战争的日本国家所依据的"近代"理念进行彻底批判的视角。

如果说，丸山真男的思想史方法论以及明治维新以来的日本知识话语体系可以称之为"在近代思维中思考近代"，那么，子安宣邦先生的则为"在近代视角之外思考思想史"问题，其核心在于跳出"近代性思维"的框架，去反省和解构"近代"本身及围绕于此所形成的日本知识制度。而在具体方法上，子安宣邦先生则主要受到福柯"知识考古学"的启发。第一，把思想史上的某个学说或理论论争视为话语"事件"，以颠覆后人的学术叙事对之进行的历史本质论的重构。《近代知识考古学》就是要从"话语分析"和知识谱系学的视角，来揭示近代日本自我同一性话语建构的秘密，颠覆以往从近代主义视角建立起来的思想史叙述。第二，要进行这样的解构式阅读和思想史研究，需要改变丸山真男那种"在近代思维中思考近代"的方式，"必须认真地将我们自己的视角设定在近代话语机制之外"，因为近代话语机制总是在内部不断地再生出关于"日本""日本人"之民族国家同一性的神话。第三，为了挑战"本质性意义论"而提出了"话语性意义论"的策略。

我们知道，米歇尔·福柯是法兰西学院的思想史教授，他思想史的研究与以往建立在客观性科学实证基础上的历史学不同，他用"考古学"的方法考察现代人普遍接受的知识、思想和信仰被建构起来的过程。在他看来，历史都是人为建构起来的话语体系，而作为话语被建构起来的知识与权力息息相关。思想史研究就是要用"考古学"的方法和"谱系学"的相关知识一层层地挖掘出知识、思想、信仰被建构起来的历史，以揭露权力操纵和支配知识话语的秘密。不如此，就无法摆脱启蒙知识对人类身体和思想的压迫，就不能实现人的真正解放。这样的方法无疑是对近代历史学乃至近代主义观念的根本性颠覆。正如福柯研究历史注重的不是"客观事实"，而是"观念""知识""话语"的产生机制以及与权力的关系，不是去发现人文科学中的"客观真理"，而是注重对"理性话语"操纵知识和真理这一隐蔽的事实加以批判一样，子安宣邦先生的《近代知识考古学》注意在特定的思想史话语空间中，确定某一个概念或者思想学说出现的"事件"性，即这个思想学说是针对什么而发的，何以这样言说，与当时的社会意识形态构成怎样一种关联，后人又是怎样解读和重构这个思想学说的。与此同时，这种不断被重构的知识话语一旦体系化，便会成为压迫、遮蔽其他思想学说的权力桎梏而束缚人们的思考视野。对近代日本的"知识考古"，就是要颠覆"近代主义"话语一直以来的霸权。

我想，书中对柳田国男"一国民俗学"、战前京都"支那学"、"二战"前后"国语与日本语"之争、近代化与近代性论述、战争记忆叙事，乃至"日本民族"概念、人间伦理学与"种的理论"之民族主义本质的分析，都不是一般概念史、学术史意义上的整理研究，而是解构主义批判意义上的话语分析和知识考古。其中深藏的近代反思，尤其值得我们留意。

以上，是我多年来阅读和翻译子安宣邦先生著作过程中的一点体会，期待着能与广大读者共享。

最后我想表示，在子安宣邦先生二十余部著作中，我最喜欢的是《近代知识考古学》和《近代日本的亚洲观》两种，而此次三联书店推出他的"作品集"，能够让我来担任两书的翻译，实在是非常幸运的事情。虽然，这一本远比《近代日本的亚洲观》要晦涩难译，我还是勉力而为，尽可能求"信"求"达"，而为了最终达到"雅"的境界，殷切期待着方家对拙译提出批评指正！

赵京华

2020 年 6 月 28 日